annas(アンナス)の
かんたん刺しゅう
＆
通園で使う布小物

川畑杏奈

annas
ありがとうございます

美術出版社

まえがき

社会に出てすぐ、私は幼稚園の先生をしていました。
その後、刺しゅう作家として活動を行うようになり、今に至ります。

子どもたちと過ごしてきた経験と、
毎週末の刺しゅうワークショップで見てきたことをヒントに
この本を作りました。

せっかく作るんだったら、楽しいほうがいい。
男の子のお母さんだって、かわいいものが作りたい。
でも、子どもも喜ばないと意味がないですよね。

今回の作品を作っていて思ったことは、
お母さんって大変！でした。
こんなにたくさんの園グッズを1人で作らなくてはいけないのですよね。
双子ちゃんだったら2倍。

幼稚園の先生をしていたとき、子どもたちは給食の日より、
お弁当の日のほうが嬉しそうだったことを思い出しました。
きっと何か1個でもお母さんのぬくもりのある園グッズがあると
子どもはうれしいんじゃないかなと思います。

この本を手にとってくださる方の中には
手芸が小学生の授業以来、という方もいらっしゃると思います。
そんな方にも気軽にチャレンジしてもらえたらいいなと
いろいろ工夫をしました。
刺しゅうだけど枠を使わない方法や、手間を省きつつ、かわいく見える方法、
ガタつきが心配なミシン目がなるべく目立たない作り方など……。

また、この本では、「かんたん」もテーマにしています。
子どもの服や園グッズに関係なく、
ちょこっと手を動かして、何か作ってみたい人にも
気軽に取り組んでもらえたらうれしいなと思っています。

川畑杏奈

目次

まえがき……3
基本の道具・材料とステッチ……6

part 1 じぶんで、できるもん。……12
子どものお着替えを助ける刺しゅう

1人でボタンがとめられる「刺しゅうマーク」……20
靴の左右がわかる「ワッペン」／靴下の前後がわかる「ワッペン」……22
服の前後がわかる「ワッペン」……24

part 2 園でもお母さんといっしょ。さびしくないよ。……26
幼稚園・保育園で子どもがお家を身近に感じられる園グッズ

小さな刺しゅうと手描きの線画で作る「通園バッグセット」……30
刺しゅうで広がる物語「ランチタイムの布小物」……38

part 3 これは、わたしの。これは、ぼくの。………46
いろいろな名前付け、マーク付けのアイデア

ハンドタオルに、名前付け／バスタオルに、大きなサイズの名前付け………46
上ばきにマーク付け／カットソーやTシャツに名前付け………50
布テープで作る「お名前リボン」………54

annas' note ………57

刺しゅうのヒント………58
幼稚園・保育園の先生からアドバイス／お母さんたちの工夫………61
ひらがな刺しゅうのコツ………62
カタカナ刺しゅうのコツ………64

かんたん刺しゅう図案………65

○△□の組み合わせで、らくらくお絵かき刺しゅう………65
植物・スイーツ　おすすめ10………68
動物・乗りもの　おすすめ10………72
不思議の国のアリス、ジャックと豆の木………76

この本で使った刺しゅう糸は、すべて25番刺しゅう糸。本数の指定のないところは、すべて2本どり。ステッチの指定のないところは、すべてサテンステッチ。ステッチはSと略しているところもあります。刺しはじめの指示がない図案は、どこからスタートしてもきれいに仕上がります。

刺しゅう糸の省略の例：Anchor 860→A860　　COSMO 600→C600
　　　　　　　　　　　DMC 413→D413　　　Olympus 738→O738

基本の道具・材料とステッチ
道具

糸くずいれ
作品や洋服にくっついて、糸くずは家中に散らばります。小さな糸くずは、小皿などにまとめておくと、片付けが格段に楽。

ピンクッション、刺しゅう針、まち針

刺しゅう枠

糸切りばさみ

刺しゅう針

メーカーによって針の番号が違います。25番刺しゅう糸2本～3本どり用の針を用意しましょう。新たに購入するなら、いろいろな番号の針がセットになっているものがよいでしょう。フランス刺しゅう針セット400～600円くらい。

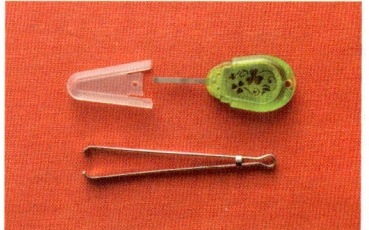

糸通し（スレダー）、ひも通し

針穴に糸を通すことが苦手な方には、糸通しがおすすめ。どんな糸通しも力まかせに引っ張ると壊れるので、力を加減しながら使うといいです。写真上は、クロバーの刺しゅう針用の糸通し「エンブロイダリースレダー」（788円）。

チャコペーパー、写すペン（トレーサー）

いろいろな色のチャコペーパーがありますが、青1枚あれば十分。ただし、黒や黒に近い濃色の布地に刺しゅうしたい場合は、白も必要です。消えやすいのはチャコペーパー社のもの。（5色各1枚入りで410円）。なぞるときに使うトレーサー（500円くらい）は、ボールペンでもOK。

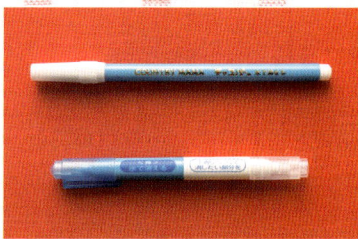

チャコペン

チャコペーパーで写した後、見えづらいところを描き足すときに使います。ペン先が細く、描いた線が水で消えるものが使いやすいです。線がきれいに消えるチャコペーパー社の中字「チャコパー」（294円）、他にもクロバーの「水性チャコペン」（368円）もあります。

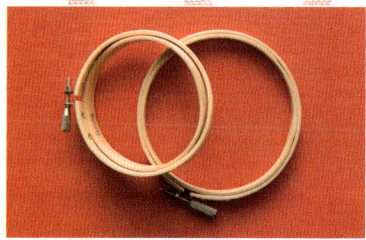

刺しゅう枠

直径10cm前後がおすすめ。小さいほうが軽くて疲れにくく、扱いやすいので、教室では直径8cmを使っています。大きな図案は、枠を少しずつ移動させながら刺します。刺しているとき、8cmの刺しゅう枠が、一般的な手芸店で手に入らないときは、ネット通販で探しましょう。写真のようなシンプルな枠は、500円くらいから。

糸切りばさみ

先の尖ったもののほうがねらったところで切れるので、使いやすいです。写真のようなシンプルなものは600円くらいから。アンティーク風のものや、フランスやイタリア製のウサギやトリをかたどったものなどいろいろあります。

本書内の価格はすべて、店頭での販売価格を参考にした目安の金額です。2013年2月現在。

刺しゅう糸

カゴの中の糸は、本書で使用した色の一部です。アクセサリーや飾りとして使う刺しゅうなど、頻繁に洗濯しないものには、自由に糸を選んでいますが、この本で紹介しているような子ども服に付けたりする刺しゅう作品には、色落ちしにくい糸を選びましょう。一般的には、「アンカー」の濃色は色落ちしやすいと言われています。濃色の糸を使う場合は、「DMC」など別のメーカーの糸がおすすめです。

こちらは私が普段使っている25番刺しゅう糸の一部。糸は、メーカーごとにたくさんの色が発売されています。フランスのメーカー「DMC」は発色が鮮やかで、他のものより光沢感が強いです。糸も少し太めなので、1本どりのときも存在感がありますよ。私の好きな「アンカー」はドイツのメーカーで、錨のマークが目印。微妙なトーンの色がたくさん出ているので、つい手にとってしまいます。「アンカー」も、日本のメーカー「ルシアン」から出ている「コスモ」も、DMCより落ち着いた色味でマットな印象。残念ながら、アンカーの糸は取扱店が少ないので、ネット通販で購入するか、手に入らない場合は、DMC、コスモから近い色や好みの色を使ってください。

布 ほか

1 ▶ 厚手の布テープ。手さげバッグなどの持ち手に使います。

2 ▶ 布。お好みの布に刺してください。ただし、針が通りにくい帆布などの分厚い布はさけましょう。目の粗いガーゼやリネンなども難しいです。買ってきた布は、カットする前にかならず水通し（水にしっかり浸して乾かす）します。

3 ▶ 洗えるフェルト。洗濯しても縮み・ほつれ・色落ちが少ないフェルト。ワッペンをつくるときに使います。30cm角で200円くらい。

4 ▶ 不織布。薄手の接着芯でもかまいません。ニットなど伸び縮みするものに刺しゅうをするときに使います。手芸店で切り売りしてくれます。

5 ▶ ワッフル布。手さげバッグなどの裏地に使いました。一般的なキルティング布でバッグを作るより、刺しゅうが映えて、シックな仕上がりに。

6 ▶ 布テープ。素材は、麻や綿など。ラインが入っていると名前を刺しゅうするだけで、素敵なネームタグになります。

7 ▶ ひも。きんちゃく袋を作るときに、意外と重要なものがひも。きんちゃく袋用として売られているひもは、すべりが悪く小さな子どもが扱いにくいときがあります。リリアンなど、細くてすべりのよいひもが、使いやすく、アクセントにもなっておすすめ。

8 ▶ 布テープ。布小物にアクセントとして縫い付けます。刺しゅうが主役なので、色・柄が目立ちすぎないものがよいでしょう。

9 ▶ 布用耐水性顔料系ペイントマーカー。今回つかったのは、マービー「布描きしましょ（中字）」。にじみにくく、布への定着力が高いので、洗濯にも耐えます。1本290円くらい。

ステッチの種類

❋ サテンステッチ

面を埋めるステッチ。布地が見えないように平行に糸を渡します。この本では長くても1.5cm程度。それ以上の長さがあるときは、ロング＆ショートステッチを使います。

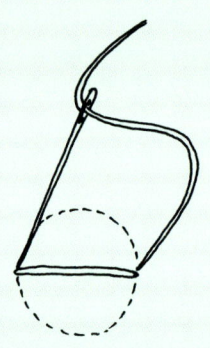
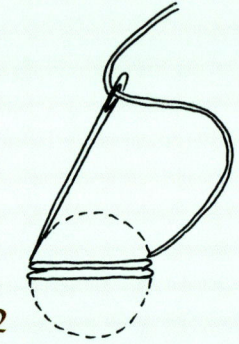

❋ ロング＆ショートステッチ

広い面を埋めるステッチ。長いステッチと短いステッチを交互に刺します。2列目からは、1列目のステッチの糸を割るようにして針を刺します。

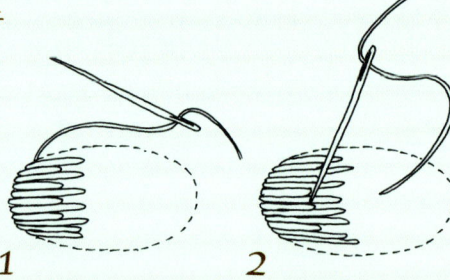

❋ バックステッチ

線の表現に使うステッチです。一目刺したら、1と同じ針穴に針を戻します。同じ針穴に戻さないと点線上になり、線がつながりません。

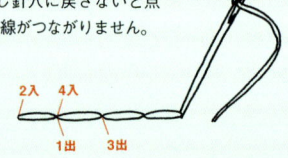

❋ アウトラインステッチ

前のステッチと重ねる幅が多いと太い線に、重ねる分が少ないと細い線になります。文字の刺しゅうをするときは、前のステッチと重ねる部分を増やしながら、少しずつサテンステッチに変えていきます。

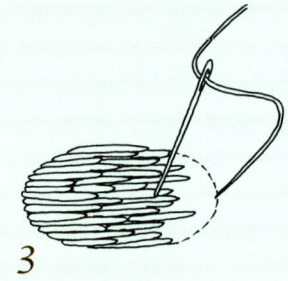
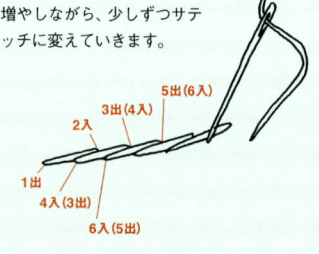

❋ コーチングステッチ

図案に沿って刺した後、上から短かいストレートステッチでとめていきます。小さな部分の曲線を出すことができ、この本ではアリスのチェシャネコの口 (P.78) に使っているステッチです。

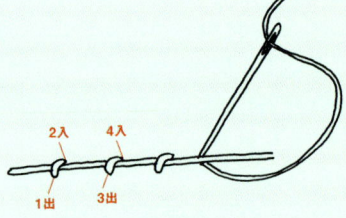

MEMO
＊この刺しかたは曲線がなめらかに表現できるので、おすすめ。一般的な刺しかたは()内の手順です。

✤ フレンチノットステッチ

1
布下から針を出す。

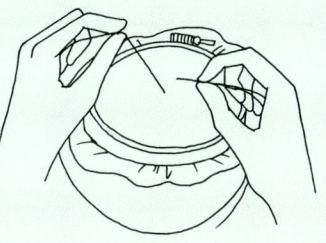

2
糸を針に指定回数
巻き付ける。

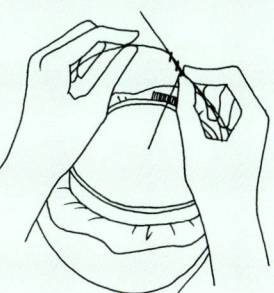

3
1で糸を出した穴のす
ぐそばに針を入れる。

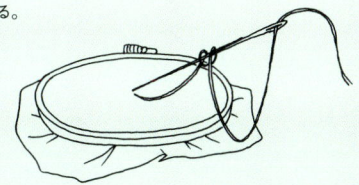

4
針を垂直に立てて、巻き付けた
糸をひきしめてから、針を布下
から抜く。

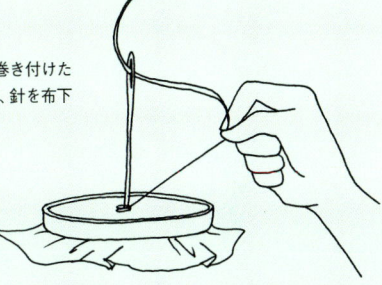

✤ チェーンステッチ

長く続けると鎖のようになり、一目
だけだと花びらのようになります。
輪の長さを揃えて、ふっくらさせた
ほうが見映えがするので、2で糸を
引く力は普段の8割ぐらいで。

1 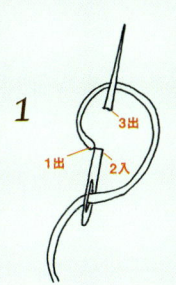　2 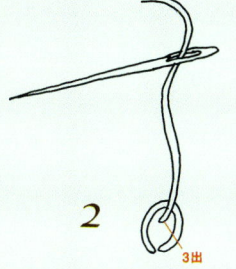　3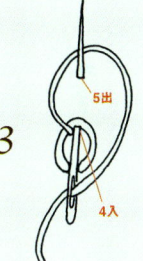

✤ レゼーデージーステッチ

チェーンステッチの手順1・2の後、
できた輪をとめるように「4入」に
針を入れます。この本ではヒマワ
リの花びら（P.70）に使っているス
テッチです。

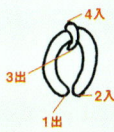

✤ ストレートステッチ

まっすぐな線を描くように刺しま
す。この本ではトリのくちばしな
ど、細かな部分の刺しゅうに使って
いるステッチです。

part **1**
じぶんで、できるもん。
子どものお着替えを助ける刺しゅう

ボタンの場所がわかる刺しゅうマークを、
ママが付けてくれたよ。
だからもう、じぶんでボタンをとめるんだ。

むむぅ……、できたよ！

＊刺しゅうマーク：作りかた P.21

うんしょ、うんしょ、ぎゅうぅ、ぐい、ぐい。
ぼくの大好きな気球のワッペンを見ながら靴下をはくと、
なぜかいつも、うまくはけるんだ。えへん。
ぼくも、ママも大よろこび。

＊ワッペン：作りかたP.23、図案P.25

お出かけだから、お靴をはきなさい、ってママがいうけど、
ときどきイヤになる……。
がんばってはいても、足とお靴がヘンなかんじなの。
ママはいつも「サユウ、ギャク、ギャク」って。

ある日、公園でときどき見かけるきれいな鳥さんをね、
ママがお靴に付けてくれたんだ。
鳥さんが仲良しになるようにはくんだって。
そしたら、足とお靴がぴったり!
ぼく、すぐお外に出かけられるよ。

＊ワッペン：作りかた P.23、図案 P.25

お洋服のまえとうしろ、ちゃんとわかる?
ボタンとか襟とかがないと、ぼくは間違えちゃう。
じつは、おねえちゃんもなんだ。

土曜の朝、なんの動物が好き?ってママがきくから、
イヌさんっていったの。
つぎの日、ママが付けた茶色いイヌさんを見ながら、
お洋服を頭からかぶったんだ。

かんたん、かんたん、もう大丈夫。
ぼくは間違えないよ。
おねえちゃんもね。

＊ワッペン：作りかたP.23、図案P.25

1人でボタンがとめられる「刺しゅうマーク」

子どもがボタンをとめることに興味をもったり、ボタンのかけ違いを子ども自身が気が付くよう、ボタンの左右に付けた「刺しゅうマーク」でお手伝いします。お母さんが付けてくれた刺しゅうだと、お着替えの練習中でも楽しい気分で過ごせそうですね。もう1着刺しゅうをするなら同じ色の糸で〇△□と形を変えてみると、ちょっと違った雰囲気のお洋服になります。ここではシンプルに〇にしましたが、子どもに合わせてリンゴにしたりと、工夫してみるのも楽しそうです。

刺しはじめ

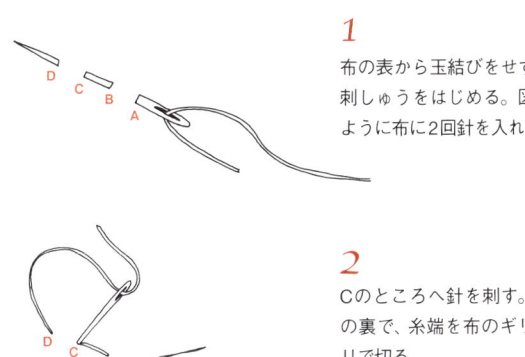

1 布の表から玉結びをせずに刺しゅうをはじめる。図のように布に2回針を入れる

2 Cのところへ針を刺す。布の裏で、糸端を布のギリギリで切る

刺し終わり&糸をかえるとき

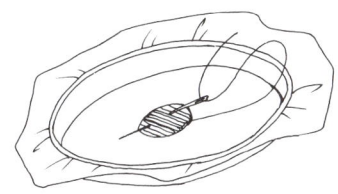

布の裏の糸目に、布の表にひびかないように2回糸を渡して固定し、糸端を切る

材料
不織布

> **MEMO**
> *刺しゅう枠は、金具が利き手の反対側にくるようにセットすると、刺しゅうがしやすくなります。

1 チャコペンで図案を描く。不織布をカーディガンの裏側にあてて、一緒に刺しゅう枠にはさむ

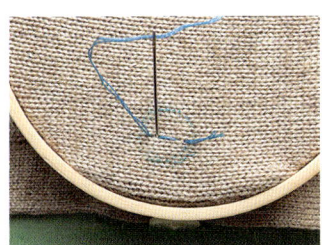

2 「刺しはじめ」のイラストを参考に糸を刺す。円の中心からサテンSではじめる

3 円の丸みに合わせて、まずは上半分まで刺す。残りの下半分も、円の中心からサテンSで刺す

4 「刺し終わり&糸をかえるとき」のイラストを参考に、糸をとめる

5 刺しゅう枠を外し、不織布を裁つ。刺しゅうより広めにざく切りした後、刺しゅうの数mm外側を切る

6 水で濡らした綿棒でチャコペンの跡を消す。熱を加えると色が定着してしまうので、この段階で消す

靴の左右がわかる「ワッペン」
靴下の前後がわかる「ワッペン」

子どもから見る、靴や靴下ってきっと不思議な形！ 靴なんかは右も左もよく似ているし、靴下はかかとを下にして履くって難しいって感じるんじゃないかと思います。子どもが履きかたを覚えるまで、刺しゅうワッペンでガイドを付けてあげてはいかがでしょう。子どもの好きなモチーフを付けたら、きっと自分で履くことが楽しくなりますよ。靴にワッペンを縫い付けるときは、靴の布がかたいので、針で指を刺さないように気を付けてくださいね。

材料

綿布　10cm角くらい
フェルト　10cm角くらい

MEMO
＊刺しゅう枠がなくても、すぐにはじめられる作りかたです。

1　布に図案を写す(P.58参照)

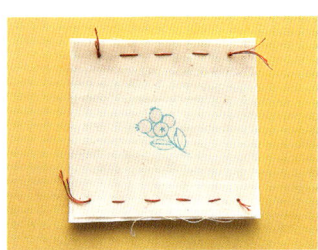

2　布の下にフェルトを重ね、上下をぐし縫いして固定する。ぐし縫いの糸は、最後にとるのであまり糸でOK

3　刺しゅう枠にははめずに、実と葉をサテンSで刺す。葉は半分まで刺した後、葉先の角へ針を刺す

4　葉先の角から、間を埋めるように中心へ向かって刺していく。実の先はストレートSで刺す

5　刺し終えたら、刺しゅうの形に沿うように約2mm外側の布を切る

6　靴下にまつり縫いで付ける。綿布をよけて、フェルトのみにまつり縫いすればOK

服の前後がわかる「ワッペン」

服を1人で着るときは、服の背面を上にして、身頃の両端を持って、頭からかぶる……。小さな子どもにとっては大変です。前後がよく似たデザインの服には目印を付けてあげると、子どもにもわかりやすいです。大人から自分の着方の間違いを指摘されるより、自分でできたことの喜びを味わったほうが心地よいものです。背中に模様が入っている服って、子ども自身からは着ているときにわかりませんが、大人がこっそり見てかわいいって思うのも楽しいですよね。

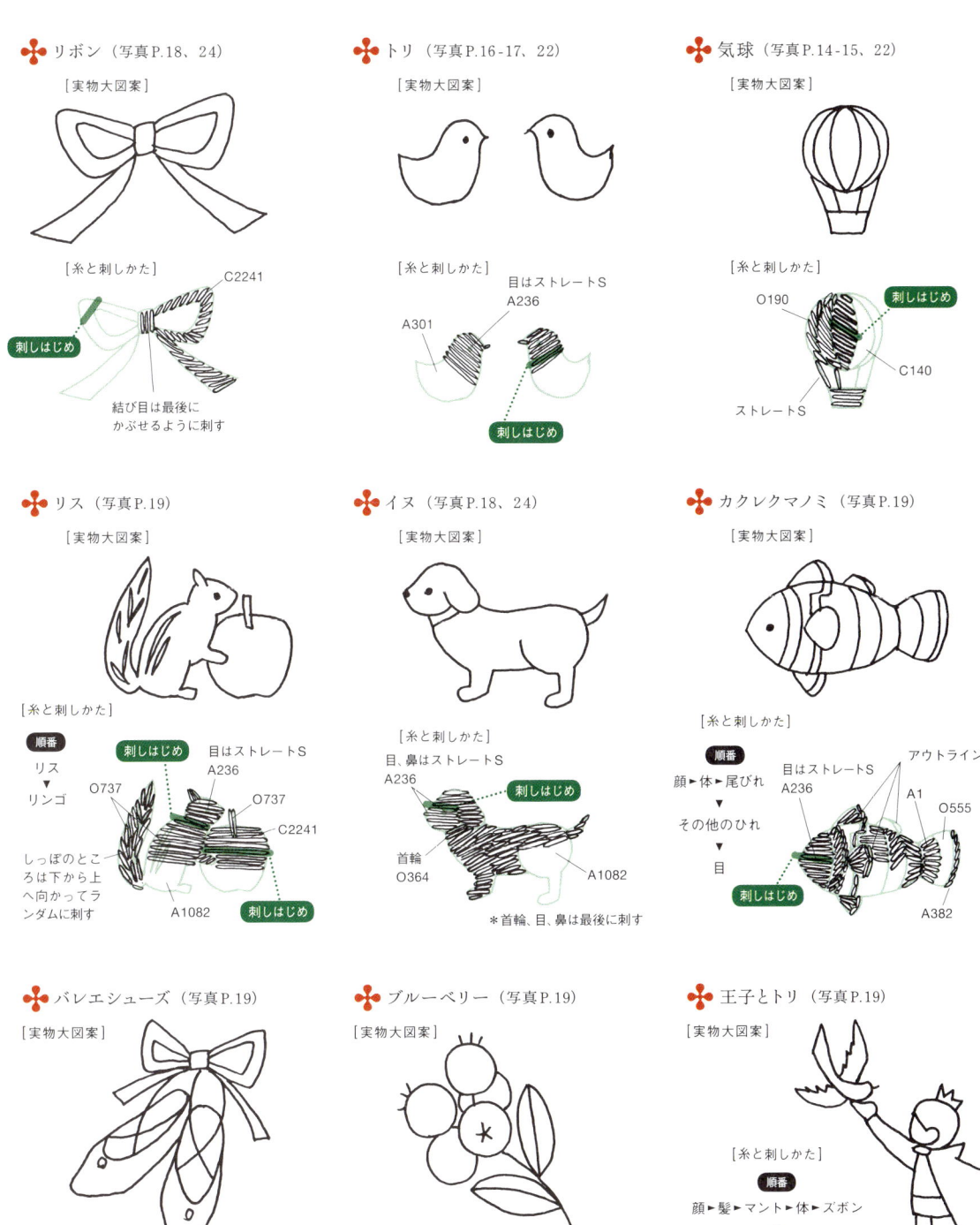

part 2
園でもお母さんといっしょ。
さびしくないよ。

幼稚園・保育園で
子どもがお家を身近に感じられる園グッズ

わたしは、お花と草のバッグセット。
お花の色は、私のリクエスト。
園も楽しいけど、お家に帰りたくなったときは、
ママがつくった手さげバッグを見るの。
気持ちがじわっとあったかくなるよ。

朝からいっぱいあそんだよ。
さあ、たのしみにしていたおべんとうの時間。
おべんとうセットを出すと、
わたしの前には、
「白雪姫」のお話がひろがるの。

＊ランチョンマット、お弁当つつみ：作りかたP.40、図案P.41　＊コップ入れ：作りかたP.44、図案P.41

やったあ、おひるだ、いただきます!
ママが読んでくれた「ブレーメンの音楽隊」の絵本。
ぼくが大好きと言ったら、
ママがお話の袋をつくってくれた。
あたらしいおともだちにも
お話を教えてあげて、仲良くなれたよ。

＊お弁当袋、コップ入れ:作りかたP.44、図案P.45　＊ランチョンマット:作りかたP.40、図案P.45

小さな刺しゅうと手描きの線画で作る「通園バッグセット」

大人から見れば小さな袋ですが、子どもたちにとっては大きな袋。気が付けば引きずっていたり、「いけません」と言われていても振り回しちゃったり。いつのまにか底がすり減ってくるものなので、長く使えるように、しっかりと布を重ねました。こうすれば、通園の数年間、毎日使ってもきっと安心です。布用のペンを使って図案をつなぐように自由に絵を描けば、小さな刺しゅうでも、大きな面積の袋ものを楽しく構成できますよ。

お花と草の通園バッグセット
手さげバッグ、上ばき入れ、あづま袋

手さげバッグ

(写真P.26-27、30、34)

材料

表布　綿布　39×64cm

飾り布　綿布　39×21cm（P.26、30）／40×41cm（P.27、34）

裏布　ワッフル生地　40×64cm

持ち手用テープ　2.5cm幅　35cm　2本

布ペン　ここではマービー「布描きしましょ（中字）」の
グリーン（P.26、30）／ブラック（P.27、34）を使用

作りかた

1. 布を裁つ。表布に布ペンで茎や葉、線路を描いた後、しっかり乾いたら、好みの位置に刺しゅうをする（P.26、30の作品の布ペン用図案はP.53）。
2. 表布に飾り布を縫い付ける。手さげバッグの表側になる面に、裏返しにした飾り布をあててミシンで縫い、表に返す。もう一方の端は上から縫う。
3. 表布、裏布ともに中表にする。縫いしろを1cmにして、両脇をミシンで縫う。表布を表へ返す。
4. 表布は内側に、裏布は外側に袋口を折り、裏布を表布の中に入れる。
5. 持ち手用テープを表布と裏布の間にはさみ、表布の上から袋口をぐるりと一周縫う。

MEMO

＊飾り布を重ねることで、底の部分が丈夫になります。

＊持ち手は共布で作るのではなく、市販の持ち手用テープを使うと簡単です。

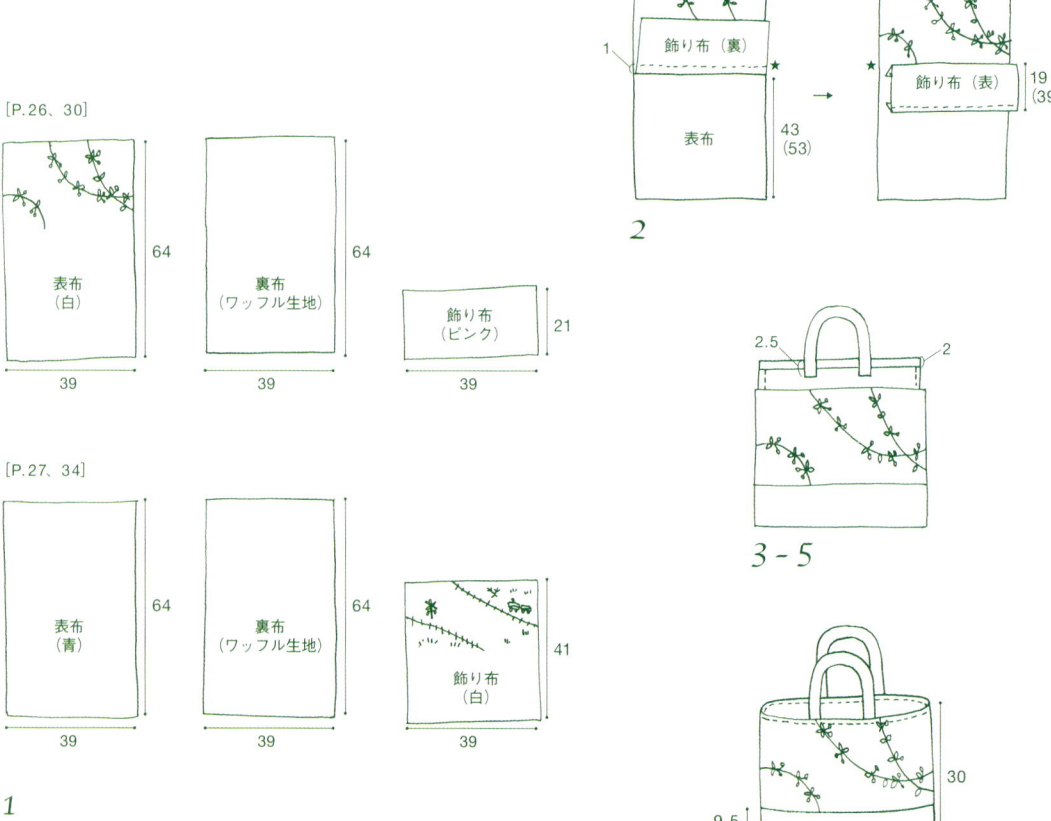

() 内の寸法は、P.27、34の作品サイズ

♣ 実（手さげバッグ／写真P.26、30）

［実物大図案］

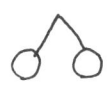

＊布ペンで描いた茎に、この図案を自由に組み合わせてください。

［糸と刺しかた］

水色 C523
紫色 C664A

♣ 花（上ばき入れ／写真P.26、30）

［実物大図案］

［糸と刺しかた］

赤色 A1024　水色 C523　黄色 A313
＊花びらと花芯は、上記の糸を自由に組み合わせてください

♣ シロツメ草（あづま袋／写真P.26、30）

［実物大図案］

［糸と刺しかた］

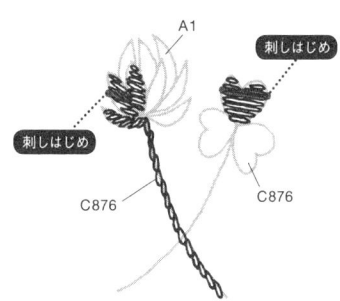

上ばき入れ

（写真P.26-27、30、34）

材料

表布　綿布　21.5×51cm
飾り布　綿布　21.5×11cm（P.26、30）／21.5×33cm（P.27、34）
裏布　ワッフル生地　21.5×51cm
持ち手用テープ　2.5cm幅　8cmと34cm　各1本
Dカン　3cmサイズ　1個
布ペン　ここではマービー「布描きしましょ（中字）」のブラックを使用

作りかた

1　左ページの手さげバッグの1～4と同じ手順で作る。
2　8cmと34cmの持ち手用テープを二つ折りして、8cmのテープにはDカンを通しておく。それぞれ表布と裏布の間にはさみ、袋口をぐるりと一周縫う。

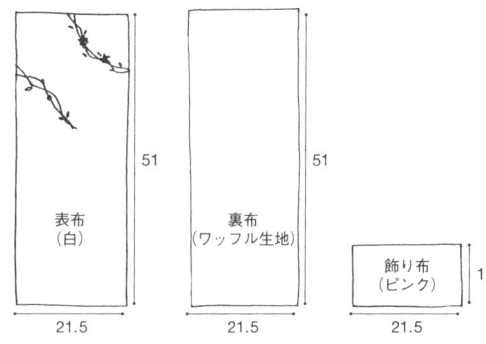

［P.26、30］

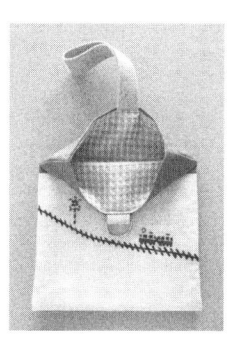 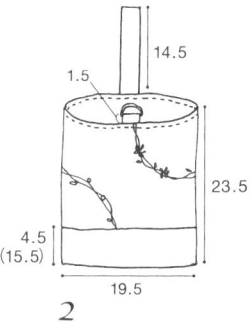

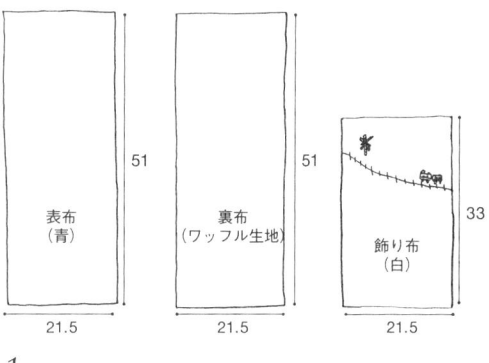

［P.27、34］

（）内の寸法は、P.27、34の作品サイズ

33

電車と飛行機の通園バッグセット
手さげバッグ、上ばき入れ、きんちゃく袋

35

きんちゃく袋

(写真P.27、34)

材料

表布　綿布　27×64cm
飾り布　綿布　27×42cm
裏布　ワッフル生地　27×64cm
ひも　細めの組ひも（今回はリリアンを使用）　68cm　2本
布ペン　ここではマービー「布描きしましょ（中字）」のホワイトを使用

作りかた

1. 布を裁ち、刺しゅうをする。
   飛行機雲は刺しゅうの後に、布ペンで描く。
2. 表布に飾り布を縫い付ける（P.32 手さげバッグの2参照）。
3. 表布、裏布ともに中表にする。あき4cmを残し、縫いしろを1cmにして両脇をミシンで縫う。
   表布を表に返し、中に裏布を入れる。
4. 裏布をはさむようにして表布の袋口を三つ折りにし、あきと袋口を縫う。
5. 両側からひもを通して結ぶ（P.44 お弁当袋の5参照）。

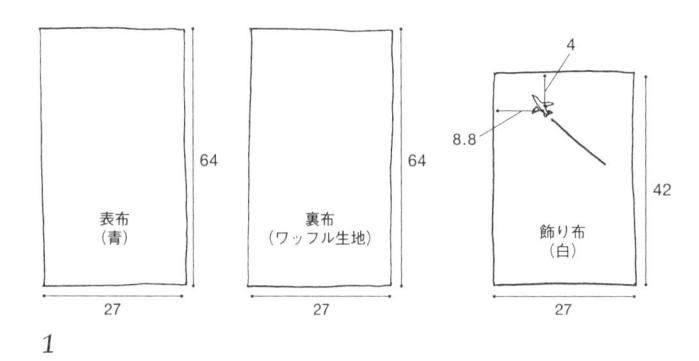

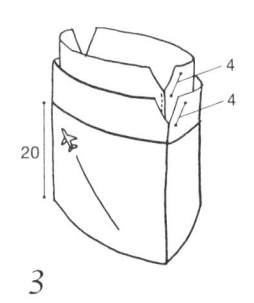

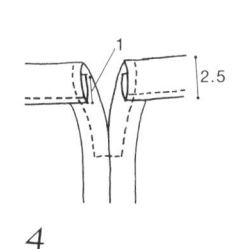

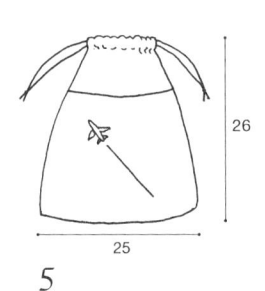

♣ 機関車（手さげバッグ／写真P.27、34）

[実物大図案]

[糸と刺しかた]

O263
O668
O825
刺しはじめ
O533
ストレートS
C899

O304
C252
C895
C252
C252
A301
刺しはじめ
A301
O304
C899
C899
C895
C899
C895
C895
アウトラインS

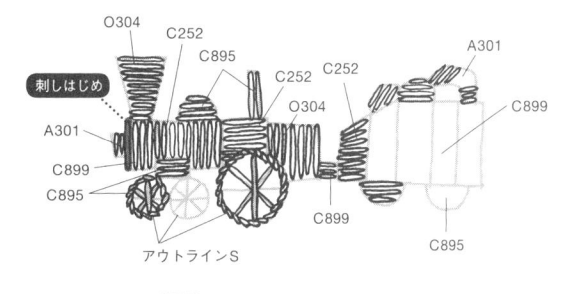

順番
機関車の車体を左から順に▶
煙突など上部パーツ▶機関車のタイヤ▶連結部▶
トロッコ▶石炭▶トロッコのタイヤ

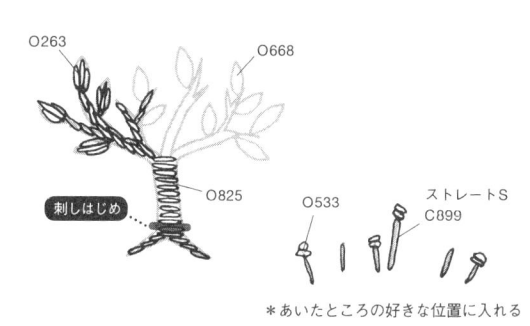

＊あいたところの好きな位置に入れる

♣ 電車（上ばき入れ／写真P.27、34）

[実物大図案]

[糸と刺しかた]

順番
車体上部▶車体下部▶窓▶
窓と窓の間▶タイヤ▶アンテナ

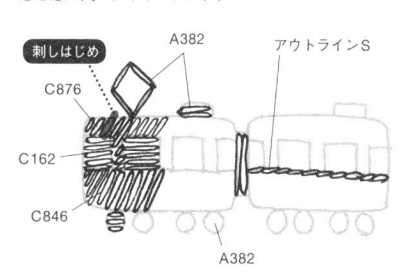

刺しはじめ
A382
C876
アウトラインS
C162
C846
A382

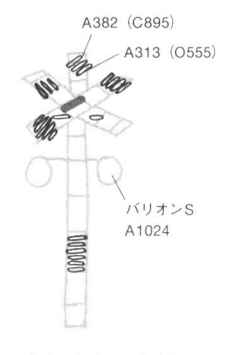

A382（C895）
A313（O555）
バリオンS
A1024

＊（）内は色違いの糸番号

♣ 飛行機（きんちゃく袋／写真P.27、34）

[実物大図案]

[糸と刺しかた]

順番
機体▶翼（左）▶尾翼

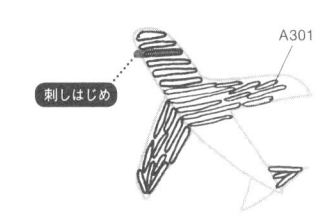

刺しはじめ
A301

37

刺しゅうで広がる物語
「ランチタイムの布小物」

同じ場面で使う布小物たちに、物語の刺しゅうを入れました。親子で、「これ誰かな?」「この次どうなる?」なんて会話したり、まだ知らないなら一緒にその絵本を読んだりして、子どもとの会話のきっかけになると嬉しいなと思います。見えない部分の手間を省けるように、きんちゃくのひも通しの作りを簡単にしたり、悩みがちな布合わせをしなくてすむよう、布テープを付けるだけでかわいく見える工夫をしました。布テープは、にぎやかな柄だと刺しゅうとケンカしてしまうので、無地やストライプぐらいがおすすめです。

「白雪姫」のランチタイムセット
お弁当つつみ、コップ入れ、ランチョンマット

ランチョンマット

(写真 P.28-29、38、42)

材料

布　32×41cm
飾り用のテープ　幅0.7もしくは2.5cm　32cm　1本

作りかた

1 刺しゅうをして、飾り用のテープを縫い付ける。
2 中表にして、返し口10cmを残して縫う。
3 表に返し、返し口をまつり縫いする。仕上げにふちをぐるりと一周ミシンで縫う。

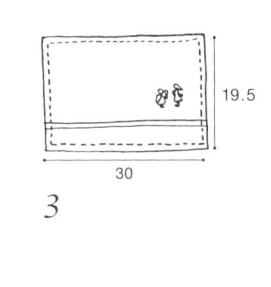

MEMO
＊仕上げにふちを縫うことで、洗濯した時のヨレを防ぎます。

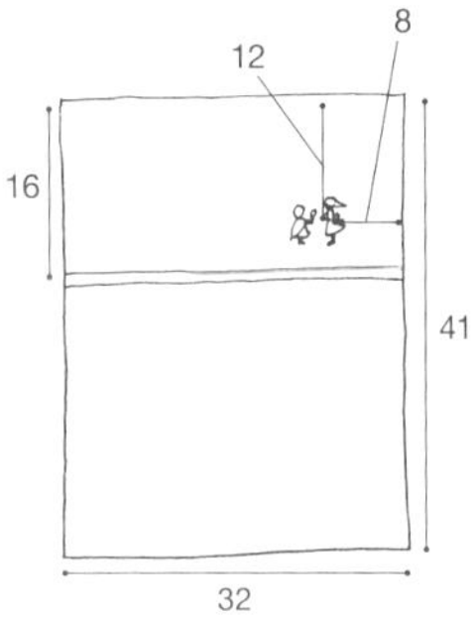

お弁当つつみ

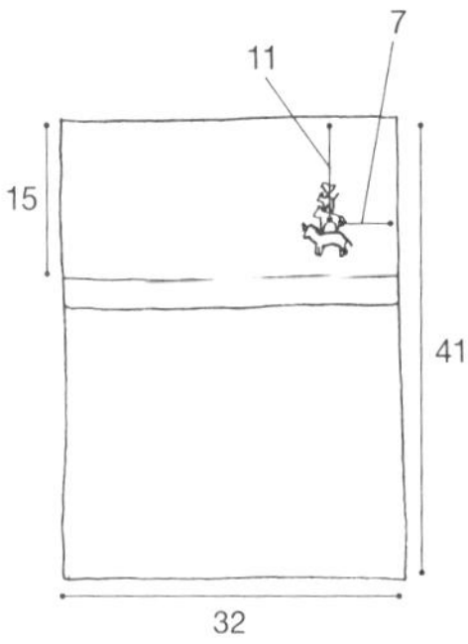

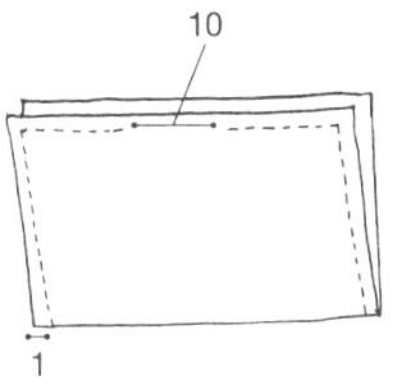

(写真 P.28、38)

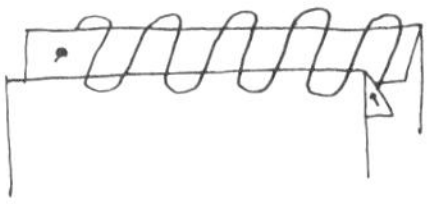

材料

市販の白い麻のハンカチ　43cm角

作りかた

1 ハンカチを水通しか洗濯をする。
2 ハンカチの角の縫製が一番整っているコーナーを選び、刺しゅうをする。

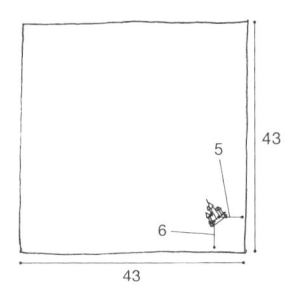

MEMO
＊値段の安い麻布は目が粗く、刺しゅうがしにくいことがあるので、目のつまった生地を選ぶことがポイント。
＊ハンカチは綿でもOK。子どもの手でも結びやすいよう、柔らかい生地がおすすめ。

♣ 白雪姫

ランチョンマット／写真 P.28、38

[実物大図案]

[糸と刺しかた]

おばあさん
順番
顔
▼
頭
▼
ケープ
▼
そで
▼
エプロン
▼
スカート
▼
腕、カゴ、靴
▼
ケープのフリンジ、エプロンのレース

白雪姫
順番
顔
▼
髪
▼
そで
▼
腕
▼
スカート
▼
靴
▼
髪飾り、リボン

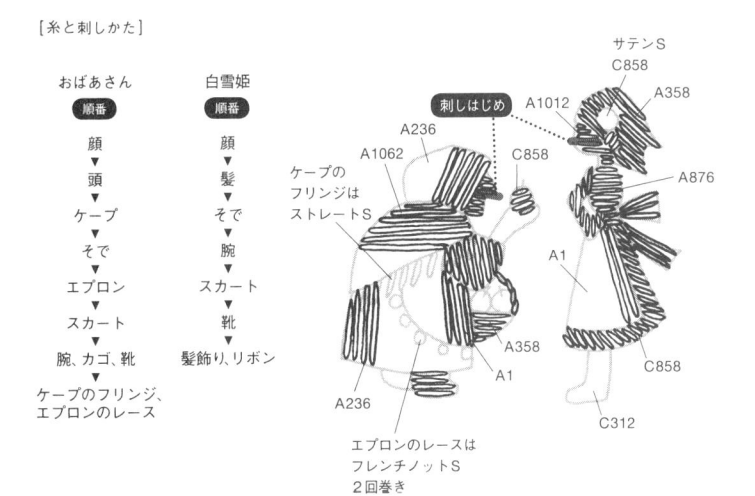

ケープのフリンジはストレートS

エプロンのレースはフレンチノットS 2回巻き

サテンS
C858
A1012
A358
A236
A1062
C858
A876
A1
A358
A236
A1
C858
C312

刺しはじめ

コップ入れ／写真 P.28、38

[実物大図案]

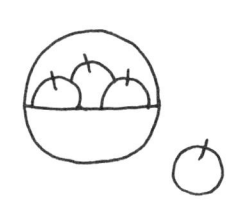

[糸と刺しかた]

順番
カゴ
▼
カゴの持ち手
▼
リンゴ
▼
リンゴのヘタ

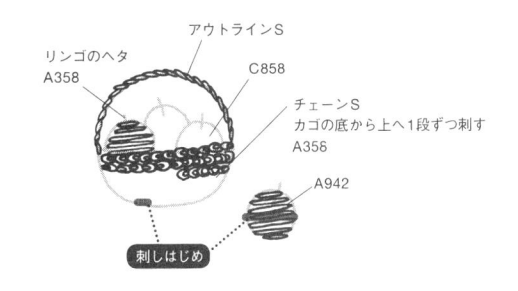

リンゴのヘタ A358
アウトラインS
C858
チェーンS
カゴの底から上へ1段ずつ刺す
A356
A942

刺しはじめ

お弁当つつみ／写真 P.28、38

[実物大図案]

[糸と刺しかた]

順番
壁すべて
▼
屋根すべて
▼
入口、窓
▼
草木

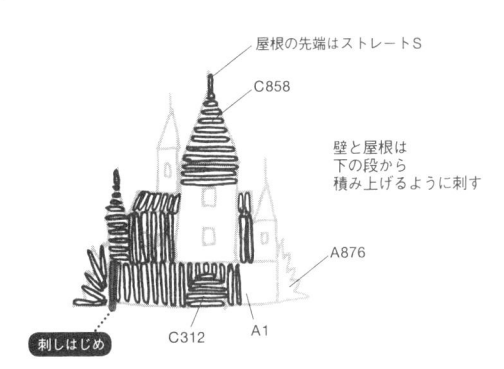

屋根の先端はストレートS
C858
壁と屋根は下の段から積み上げるように刺す
A876
C312
A1

刺しはじめ

42

「ブレーメンの音楽隊」のランチタイムセット
お弁当袋、コップ入れ、ランチョンマット

43

お弁当袋

(写真 P.29、42)

材料

綿布　29（みみ付き）×29.5cm　2枚
細めの組ひも（今回はリリアンを使用）　42cm　2本
布テープ　2cm幅　29cm　2本
飾り用のテープ　2.5cm幅　29.5cm　1本

作りかた

1. 布を裁ち、表面に飾り用テープを縫い付けた後、刺しゅうをする。
2. 布の両脇と底にジグザグミシンをかける。中表に合わせて、あき5cmを残して両脇と底を縫う。あきを二つ折りにして縫う。
3. 布テープの両端を折り、ひも通し位置に縫い付ける。
4. 底のマチを縫う。
5. 両側からひもを通して結び（P.36参照）、表に返す。

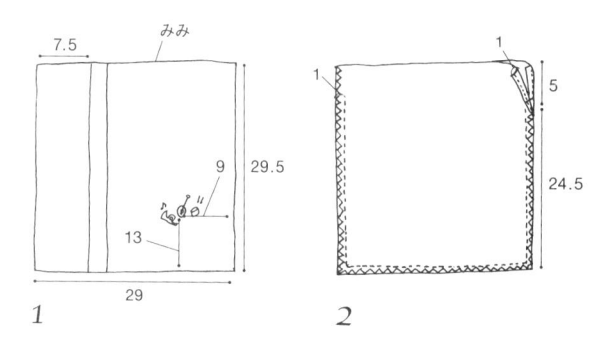

MEMO

* 布のみみを利用すると布端の始末がいらないので、手軽に作れます。
* 太いひもは子どもの手には握りにくいので、細めのもののほうがいいでしょう。おすすめは、すべりがよくて丈夫なリリアンのひも。
* 飾り用のテープは、無地やストライプ、水玉などシンプルなデザインのほうが、刺しゅうとよく合います。

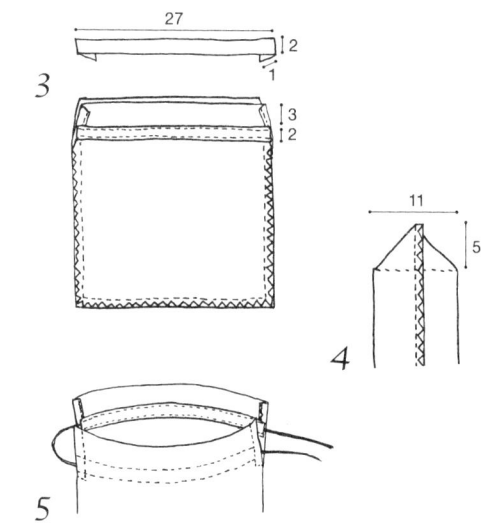

コップ入れ

(写真 P.28-29、38、42)

材料

綿布　18（みみ付き）×21cm　2枚
細めの組ひも（今回はリリアンを使用）　42cm　2本
布テープ　2cm幅　17cm　2本
飾り用のテープ　0.7cmもしくは2.5cm幅　18cm　1本

作りかた

1. お弁当袋の1〜3と同じ手順で作る。
2. 両側からひもを通して結び（お弁当袋の4参照）、表に返す。

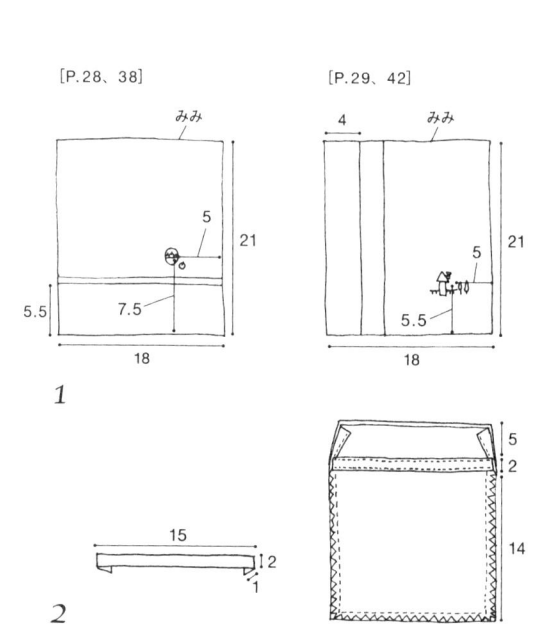

♣ ブレーメン音楽隊

ランチョンマット／写真P.29、42

[実物大図案]

[糸と刺しかた]

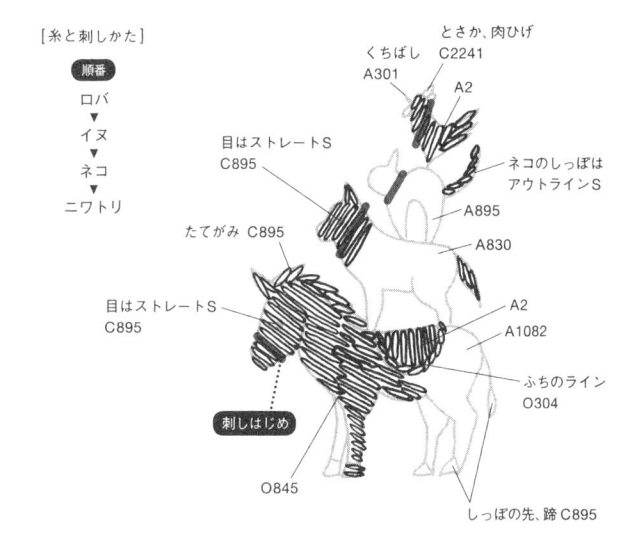

順番
ロバ
▼
イヌ
▼
ネコ
▼
ニワトリ

とさか、肉ひげ C2241
くちばし A301
A2
目はストレートS C895
ネコのしっぽはアウトラインS
A895
たてがみ C895
A830
目はストレートS C895
A2
A1082
ふちのライン O304
刺しはじめ
O845
しっぽの先、蹄 C895

お弁当袋／写真P.29、42

[実物大図案]

[糸と刺しかた]

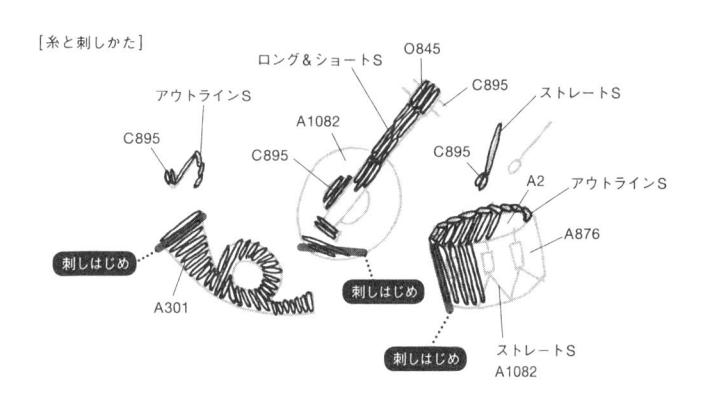

ロング＆ショートS O845
アウトラインS C895
C895
A1082
C895
ストレートS
A2
アウトラインS
A876
刺しはじめ
A301
刺しはじめ
刺しはじめ
ストレートS
A1082

コップ入れ／写真P.29、42

[実物大図案]

[糸と刺しかた]

順番
屋根
▼
壁
▼
ドア
▼
煙突
▼
柵
▼
木
▼
窓

チェーンS
下から上へ
1段ずつ刺す
A117
C895
刺しはじめ
A876
下から上へ向かってランダムに刺す
A1082
A2
C895
幹 ストレートS
A1082

part 3
これは、わたしの。
これは、ぼくの。
いろいろな名前付け、マーク付けのアイデア

ハンドタオルに、名前付け
バスタオルに、大きなサイズの名前付け

バスタオルのお名前付けは、ゼッケンみたいな白い布に名前を書くことになり、なんだか、かわいくない……と思ってしまった保育園児のお母さん、多いのではないでしょうか？ 名前を刺しゅうする布を楕円形や六角形にするなど、ちょっと工夫すると個性が出ますよ。文字を刺しゅうするときは、大きいほどバランスが取りづらいので、先にチャコペンで縦と横にガイドラインを入れてから、子どもの名前を下書きするといいとるといいでしょう。横書きは文字の高さを揃えると、少しくらい刺しゅうが歪んでもそれなりに整って見えますよ。大丈夫です、がんばってください！

ハンドタオルに名前付け

(写真P.46)

材料

綿布　10×10cm
平織りひも　0.7cm幅くらい　12cm

作りかた

1　布を裁ち、刺しゅうする。
2　布の周囲を1cm内側に折り、ハンドタオルに縫い付ける。

MEMO

＊チャコペンなどで布に十字の中心線を引いてから名前の図案を描くと、バランスよくきれいにできます。
＊刺しゅうのマークは、子どもに選んでもらってもいいですね。
＊タオル類は園ごとに指定のあることが多いので、園からの指示が出てからサイズを合わせて作ったほうが、安心です。

バスタオルに名前付け

(写真P.47)

材料

八角形　綿布　19×12cm　2枚
楕円形　綿布　20×12cm　2枚

作りかた

1　右ページの型紙に1cmのぬいしろを付けて布を裁ち、刺しゅうする。
2　2枚の布を中表に重ね、返し口を残して布の周囲から1cm内側をぐるりと縫う。
3　表に返し、返し口をまつり縫いする。まつり縫いでバスタオルに縫い付ける。

＊名前の刺しゅうはP.56、ひらがなの参考図案はP.62-63、カタカナの参考図案はP.64、マークの刺しゅうはP.66-67を参照。

[実物大型紙]

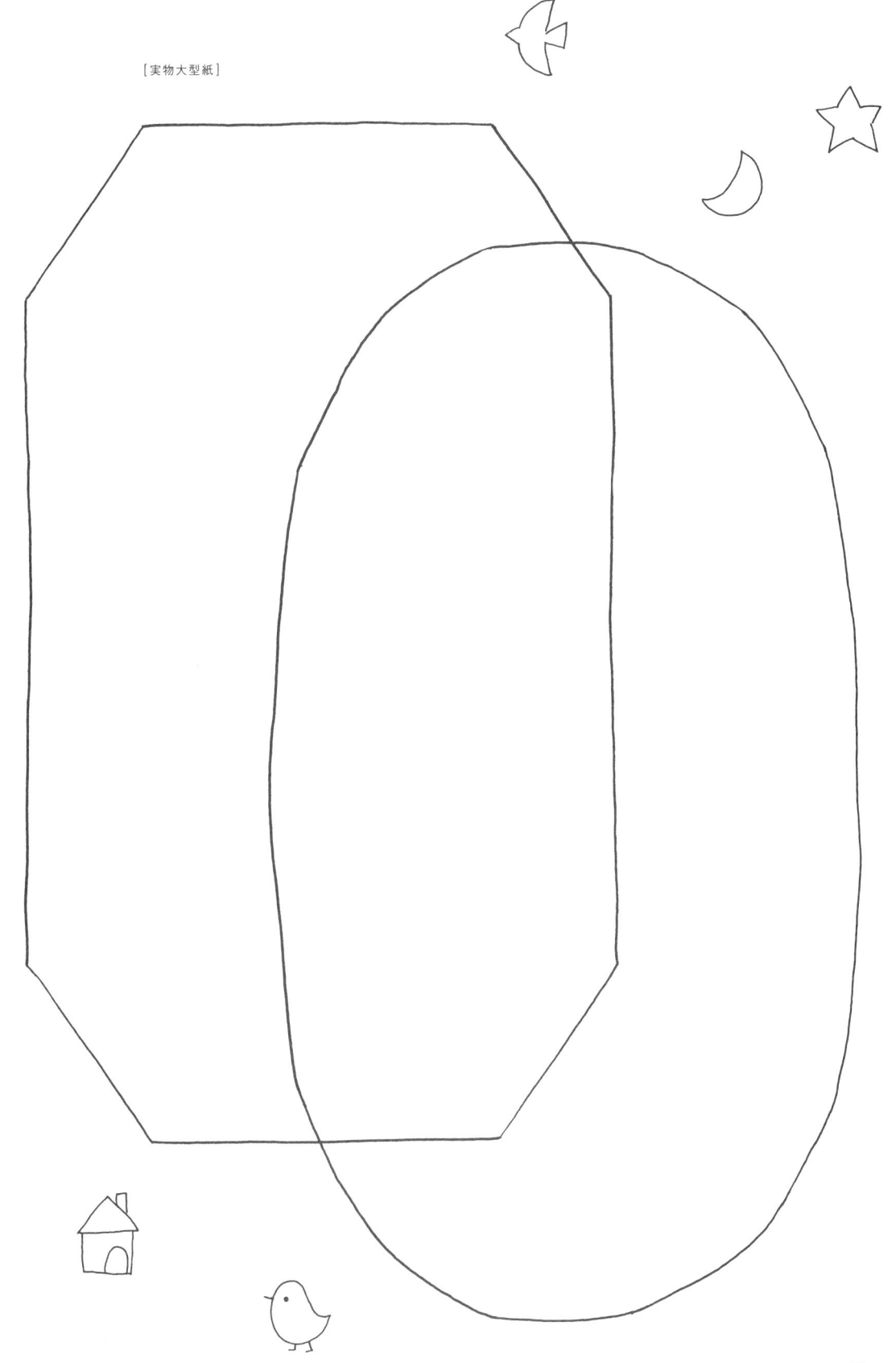

上ばきにマーク付け
カットソーやTシャツに名前付け

子どもの靴は、よく似ています。その子専用に決めたマークを小さなワッペン刺しゅうにして縫い付けると、一目でわかるし、自分のマークが付いたものを目にするのは子どももうれしいもの。名前付け用のテープは、シンプルなカットソーの首の後ろに付けてもいいですし、肩や裾に、アクセントとしてテープを縫い付けてもいいですね。お名前テープを服の内側に付けるときは、表から見えるステッチの状態も確認しながら作ると、素敵な仕上がりになりますよ。

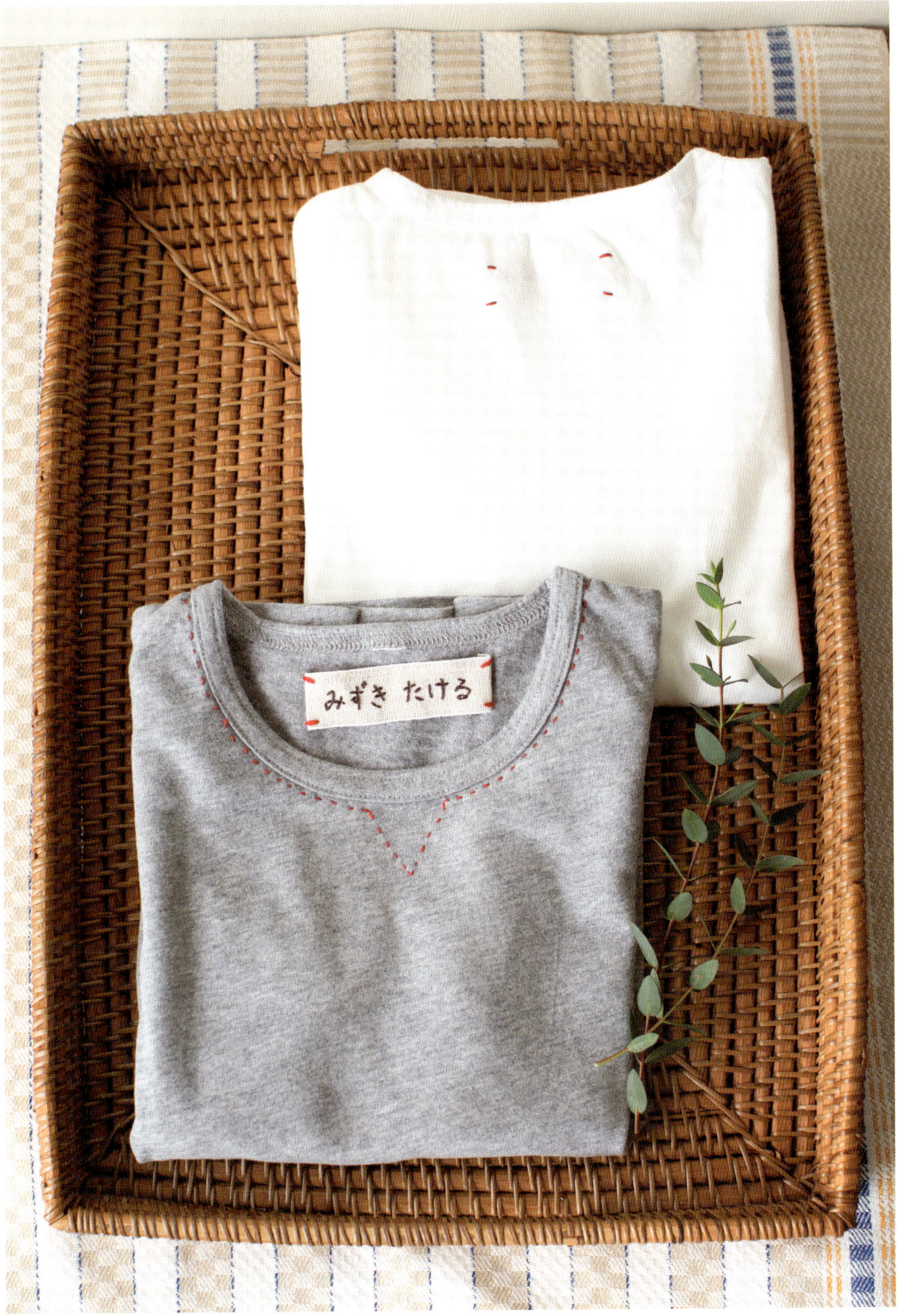
みずき たける

上ばきにマーク付け
(写真P.50)

材料

綿布　8cm角くらい
フェルト　8cm角くらい

作りかた

1. P.23を参考にワッペンを作る。
2. 上ばきのかかとにまつり縫いで付ける。

カットソー・Tシャツに名前付け
(写真P.51)

材料

麻の布テープ　2cm幅くらい

作りかた

1. P.56を参考に刺しゅうをする。
2. 布テープの両端を内側に折り、3本どりの刺しゅう糸で四隅を服に縫い付ける。玉結びは、表から見えない位置で処理をする。
3. P.51の写真を参考に、2本どりの刺しゅう糸で並縫いの飾りを入れる。

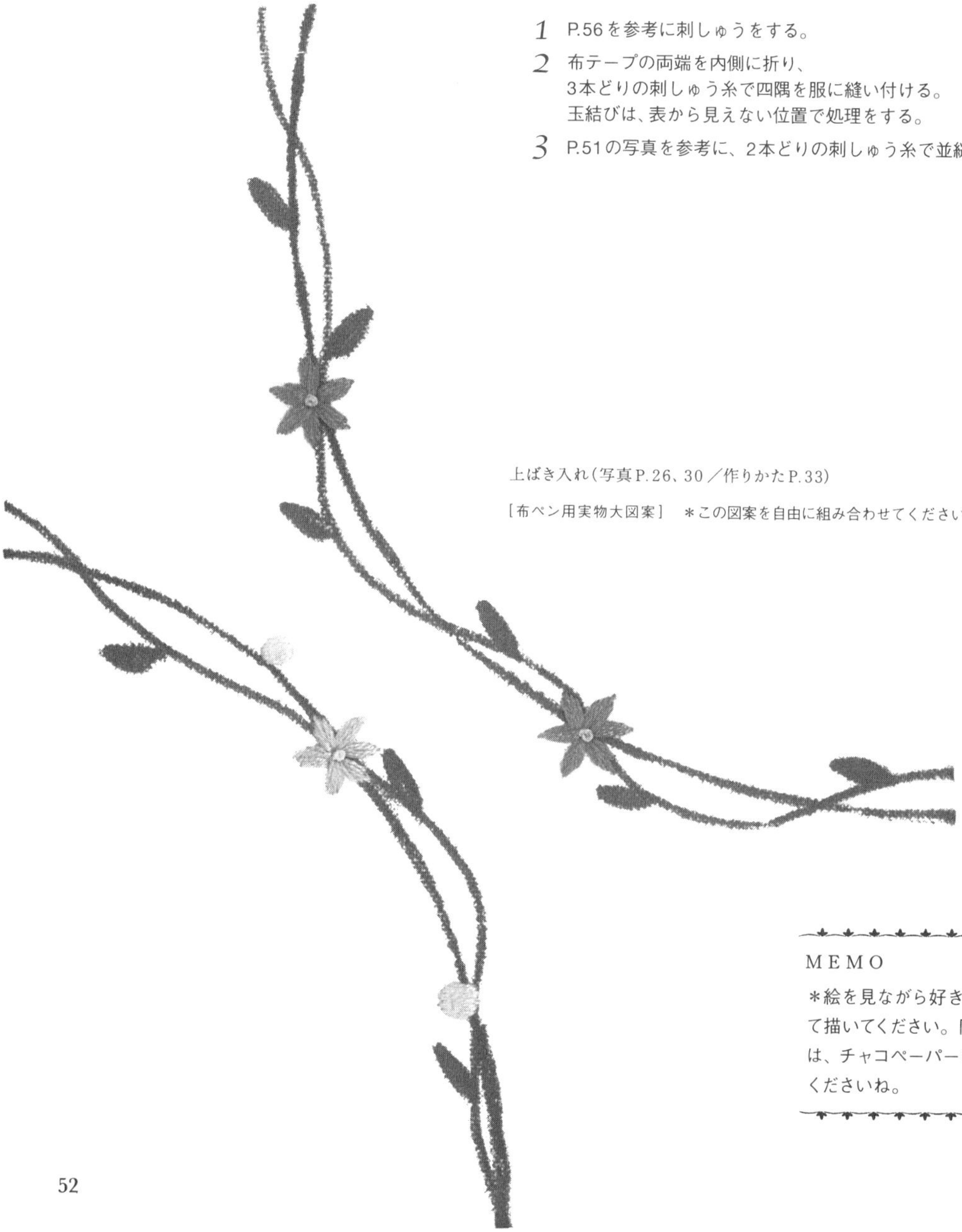

上ばき入れ(写真P.26、30／作りかたP.33)
[布ペン用実物大図案]　＊この図案を自由に組み合わせてください。

MEMO
＊絵を見ながら好きなようにアレンジして描いてください。同じ絵にしたい場合は、チャコペーパーなどで図案を写してくださいね。

手さげバッグ（写真P.26、30／作りかたP.32）
[75％縮小図案] 133％拡大してご利用ください。
＊この図案を自由に組み合わせてください。

布テープで作る「お名前リボン」

文字の刺しゅうも、動物や人物の刺しゅうと一緒で、まあるくコロンとした感じに仕上げたほうがかわいい。だから、ちょっと太めの刺しゅう糸がおすすめです。布テープは手芸用品店でも売っていますが、最近は雑貨屋さんや、海外のちょっと変わった手芸材料を取り扱うお店もありますので、そういったお店で気にいったものをちまちまと買い集めるのも楽しいものです。まとめて何本か作っておいて、コートやバッグの名前付けや、服の表側にアクセントとして付けてもいいですね。

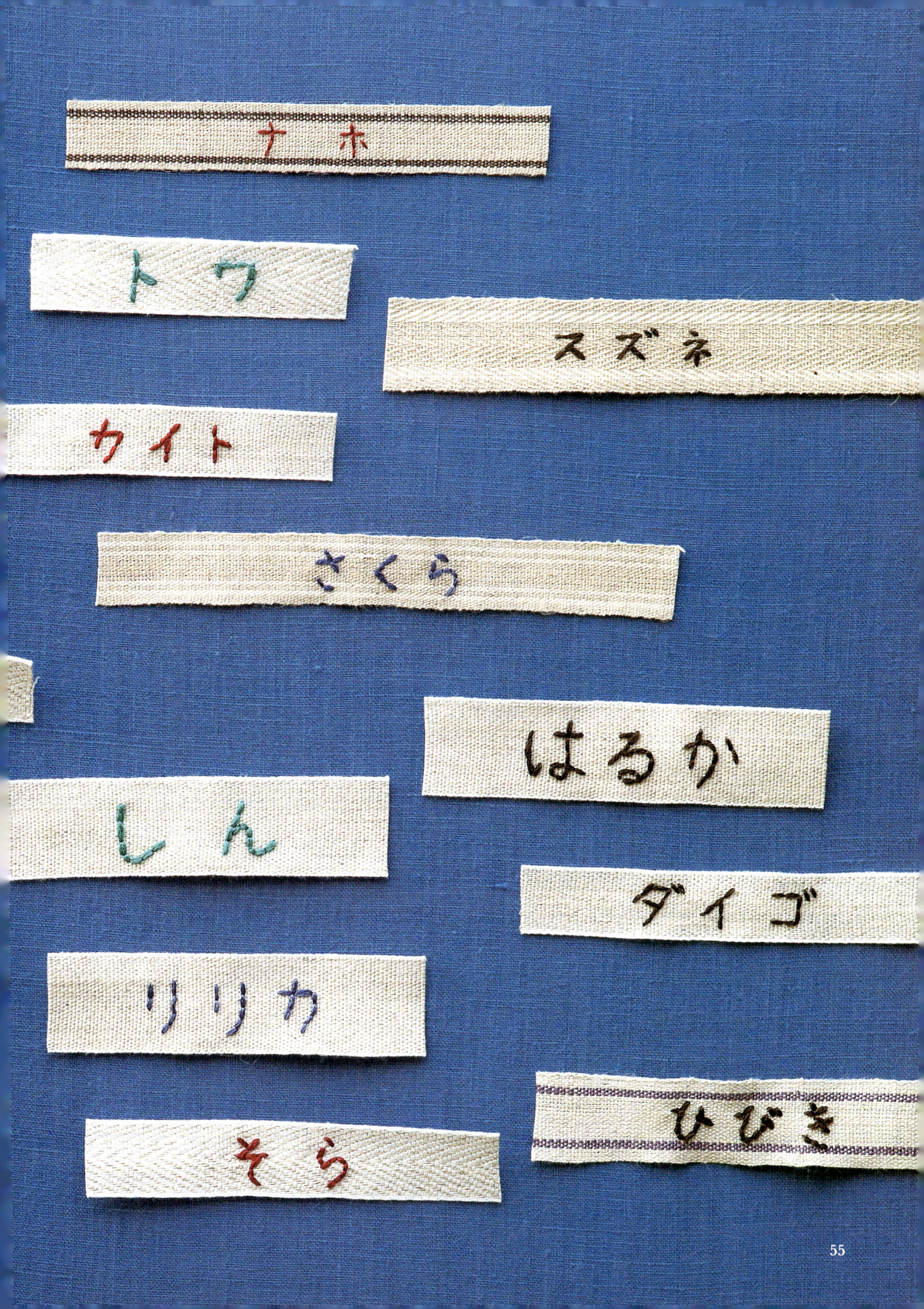

ナホ

トワ

スズネ

ウイト

さくら

はるか

しん

ダイゴ

リリカ

ひびき

そら

布テープで作るお名前リボン

(写真 P.54-55)

材料

麻の布テープ　2cm幅／1.6cm幅／1.4cm幅

作りかた

1. 好みの幅の布テープを選び、刺しゅう枠の直径より長めに裁つ。
2. チャコペンで布テープに名前を書く。(ひらがな・カタカナの参考図案はP.62-64)
3. 布テープの上下にハギレをぐし縫いし、刺しゅう枠にはめる。
   ぐし縫いの糸は最後にとるので、あまり糸でOK。
4. 刺しゅうし、ハギレをとる。

MEMO

＊風合いが出るのは今回使った麻の布テープですが、綿の平織りテープのほうが柔らかくて刺しゅうをしやすいです。服の内側に付けるなら綿、厚手のコートやバッグ、服の表に付けるなら麻と使い分けてもいいでしょう。

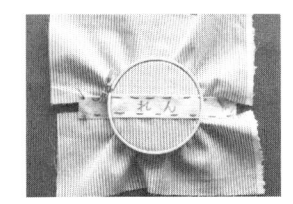

あづま袋

(写真 P.26、30)

材料

麻布　92×32cm

作りかた

1. 布を裁ち、縫いしろを0.5cm幅の三つ折りにして、ふちをぐるりと一周ミシンで縫う。
   長辺を三等分に折りたたんだ位置にチャコペンなどで印を付ける。
2. 1で付けた印に合わせてAとBが中表になるように折り、
   端から1cmあけて上端を縫う(☆と☆を縫う)。
3. BとCが中表になるように折り、端から1cmあけて下端を縫う(○と○を縫う)。
   このとき、Aを一緒に縫わないよう、Aの裾を上へ折り上げておくとよい。
4. 表に返し、アイロンで形を整える。
5. 刺しゅうをする。

MEMO

＊布は30cm大のハンカチを3枚縫い合わせて使うと、まわりを縫わなくてよいので手軽です。

＊作りかた4のときに、袋の中に普段入れるものを入れて口を結んでみてから、刺しゅうの位置を決めるとよいです。

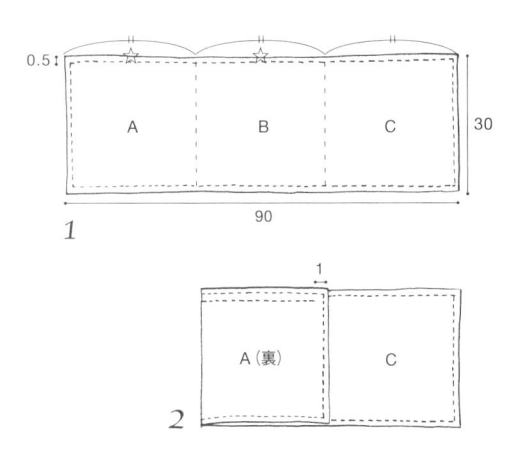

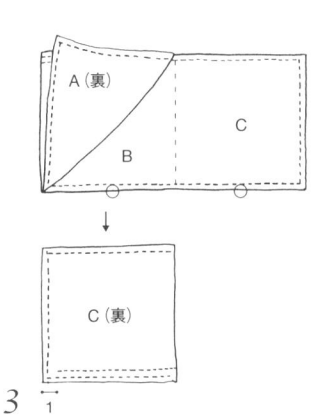

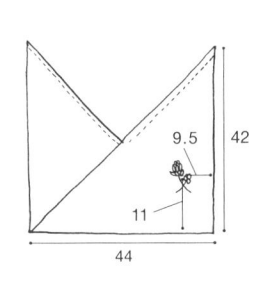

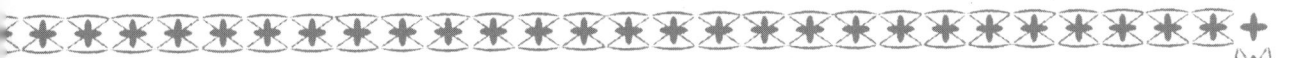

annas' note

　東京・大阪をはじめ、全国で毎月4回ほど開催しているワークショップ形式の刺しゅう教室には、お母さんと一緒に来てくれる小学生や、私と同世代の女性、おしゃれなおばあさままで、さまざまな方がいらっしゃいます。

　一回完結で、その場で作品ができあがるので、教室の終わりの時間には、充実したお顔のみなさんと、その方らしさが表れた素敵な刺しゅう作品がたくさん。そんな教室の空気が大好きで、準備で寝不足でも、藤カゴのトランクに刺しゅう教室の道具をつめて、大阪から毎回楽しく教室に向かっています。

　さて、ここでは、教室でよくいただく質問をもとに、刺しゅうや手作りのコツをまとめました。幼稚園・保育園に子どもを通わせているお母さんたちや、先生たちからも、ヒントをもらっています。

　手作りに正解はないので、みなさんがやりやすいやり方でのんびり作るのが一番。でも、コツを知っていると、より簡単に作ることができたり、短時間かつ、きれいな仕上がりになったりするので、参考にしてみてくださいね。

刺しゅうのヒント

Q 図案がきれいに写りません。
きれいな図案の写し方を教えてください。

A まず、図案の写し方をおさらいしましょう。
トレーシングペーパーか、薄い紙を本の図案ページに重ねて図案を写し取ります（コピーをしてもOK）。次に、「布→チャコペーパー→図案を写し取った紙（図案）→透明フィルム」の順に重ねて、トレーサーかボールペンで図案をなぞります。写し忘れたところや、細かい部分は、図案を見ながらチャコペンで描き足します。
図案をチャコペーパーで写すとき、硬いものの上で力を入れてしっかり写しましょう。うっかり、布がたくさん重なっている場所で写そうとしても、ふわふわしてチャコペーパーの線がきれいに転写されません。またチャコペーパーが古いと、色が薄くなってしまってうまく写らないこともあります。
透明フィルムを使うと、図案の紙が破れないので何度も使えます。透明フィルムは、ポストカードを買ったときについてくるようなフィルム袋を切って使うとよいでしょう。

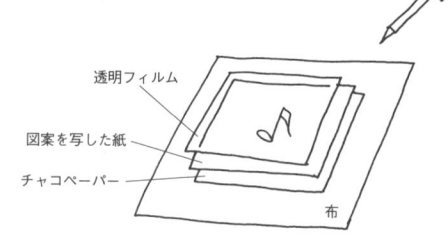

透明フィルム
図案を写した紙
チャコペーパー
布

Q 自宅にある材料でできる、
簡単な図案の写し方を教えてください。

A 透明フィルムに直接、図案を写してしまいましょう。
さらに簡単に写す方法があります。ふつう、図案は、トレーシングペーパーに写すかコピーしますが、透明フィルムに細字の油性ペンで本から描き写してもよいです。「布→チャコペーパー→図案を写し取った透明フィルム」の順で重ねて、図案を写してもOK。私は普段はこの方法です。

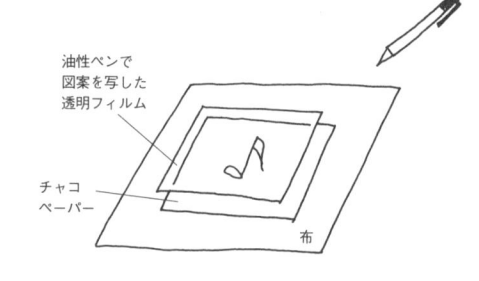

油性ペンで図案を写した透明フィルム
チャコペーパー
布

Q サテンステッチを美しく見せるには？

A 長めのステッチで刺しましょう。
びっしり並んだ刺しゅう糸の光沢が美しいのがサテンステッチ。細かい部分は仕方ありませんが、大きな面を埋めるときはできるだけ長めのステッチで進めましょう。最低でも1ステッチの長さは5mmあったほうがいいと思います。
動物の手足などの縦長の部分を刺しゅうするときは、真横に進まず少し斜めにステッチを進めたほうが、きれいだし、早く仕上がりますよ。

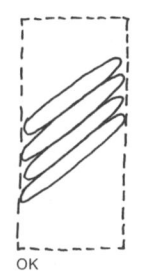

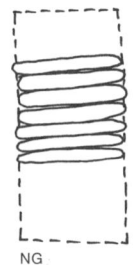

OK　　NG

Q **ロング＆ショートステッチ、どのくらいの長さで ステッチをつくればいいのか、迷います……。**

A **想像しているよりも、長めのステッチで刺しましょう。**
ロングの部分のステッチが1.5cmぐらいになってもかまいません。上からステッチを重ねて最初のステッチを押さえてしまうので、作品や小物を使っているうちに、ステッチの糸が動いてベースの布が見えてしまう……といった心配はありません。ロング＆ショートステッチはあまり長さをそろえない方が見栄えもいいですので、思い切ってザクザク刺していきましょう。

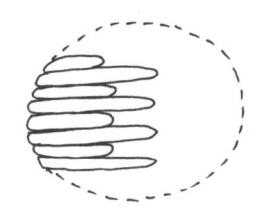

Q **サテンステッチの糸の向きを変えるには？**

A **放射状に刺し、好きな角度に糸の向きを変えていきましょう。**
この方法は、イニシャルなど、尖っている図案部分や図案の中のカーブのところで、滑らかに糸の向きを変えたいときや、サテンステッチを進めていくうちに、いつの間にか糸の角度が思った角度からずれてしまったときの修正にも使えます。

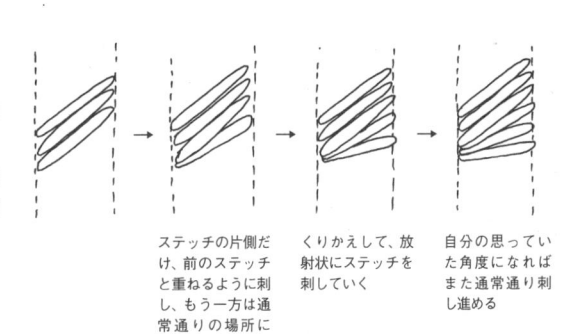

ステッチの片側だけ、前のステッチと重ねるように刺し、もう一方は通常通りの場所に刺す → くりかえして、放射状にステッチを刺していく → 自分の思っていた角度になればまた通常通り刺し進める

Q **トリや動物の頭を刺すと、どんどん、とんがってきます！ うまく丸くなりません。**

A **少し足りないかな、というところで、いったんステッチを終わりにしましょう。**
丸い図案を刺すのは、四角いものを刺す時より気を使います。慣れないうちは「今自分は、きれいな丸い形に刺せていないのでは？」と不安になり、丸い形を作るために、円弧の端をこえたところまで刺してしまうことがあります。
それが、動物の頭が尖ってしまうことの一番の原因です。刺しゅうは、ステッチを足すことはできても、途中でステッチを減らすことはできません。途中で糸を切ることになりますから。
「今上手くいってるかな？」と不安になったら、いったんそこでステッチをストップ。別の場所から刺していきましょ

う。全部できあがってから、やっぱり頭の部分のステッチが足りなければ、そのときに足せますので大丈夫です。不安になって、ステッチを増やしすぎないことがポイントです。

OK ここでステッチをやめる
NG 丸みが足りない気がしてステッチを足しすぎるとこんな形に……

Q　パーツがたくさんある図案は、
どの部分から刺しゅうすればいいのでしょう？

A　刺し終わったところの隣のパーツ、次はその隣のパーツ、
というように、刺し進めましょう。
　サテンステッチがメインになった刺しゅう図案は、バランスをとりながら絵を描くように刺していくと上手くいきます。そこで気を付けたいのが刺しゅうをする順番。たとえば、人物を刺しゅうする場合、顔を刺しゅうした後、刺しゅう針に肌色の糸が残っているからといって、手や足に飛んで刺しゅうをしてしまいがち。でも、このやり方だと、後から胴体の刺しゅうをしたときに、残された胴体のスペースがアンバランスで思ったような形に仕上げられないことがあります。
　あるパーツの刺しゅうが終わったら、少し面倒ですが、刺しゅう糸を入れ替えて、隣あったパーツへ刺し広げていくと、バランスよく、思い通りの形に仕上がります。

顔を刺し終わったら、番号のように隣へ向かって刺し広げていく

Q　失敗したステッチをほどくとき、
糸が汚くなってしまいました。
きれいにほどくやり方はありますか？

A　針の頭でステッチを引き出しましょう。
　ステッチを間違えてしまって、ほどきたいときは、まず、針から刺しゅう糸を抜きます。次に針の頭のほうで、はずしたいステッチを丁寧に引き抜きます。針先で引き抜こうとすると、刺しゅう糸を割ってしまう可能性があり、糸がボソボソになってしまいます。

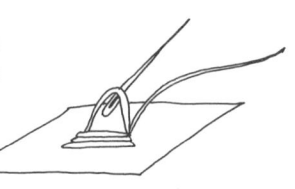

Q　なんだか刺しゅうが
上手くいっていない気がします……。

A　図案の半分ぐらい刺すまでは全体のイメージはわかりません。気にせず、刺し進めましょう。
　刺し始めてしばらくは、「上手く刺せていないかも」「刺しゅう糸の色選びがヘンだったかも……？」と不安になることがあります。特に人物や動物など、生き物を刺しているときは、そう感じることが多いことでしょう。でも、ここで挫けてしまってはいけません。私も、新しい図案を刺すときは、この図案は失敗なのでは、と不安な気持ちになります。ひとまず、図案の半分ぐらいまでは、写した図案の線のとおりに、がんばって刺してみましょう。意外と可愛くできていくもの。いびつなステッチもできあがってしまえば、温もりや愛嬌を感じるものになるはずです。
　写真で載せた作品見本や、図案の線と同じものを作ろうとする必要はないんです。私もまったく同じものはつくれません（笑）。刺しゅうをする人が違えば、作品の雰囲気も変わるものだし、それが手作りのよさなんだと思います。見本や図案の線にとらわれすぎず、世界にひとつだけの自分の刺しゅう作品を楽しく完成させてくださいね。

☆ 幼稚園・保育園の先生からアドバイス

" 手作りするときは、ぜひ子どもの目の前で作ってあげてください。お母さんが自分のために作ってくれたことが子どもにも伝わり、子どもにとってもうれしいものですよ "

" お母さんとの「お揃い」は子どもも喜びます。子どもの袋ものと、お母さんのポーチがお揃いとか。子どものエプロンと、お母さんのシュシュがお揃いなど。ちょっとしたことですが、子どもにとっては、宝物になるんです "

" 今までお家で生活していた子どもたちが、保育園や幼稚園に通うようになると、他の子どもの持ち物と、自分の持ち物の区別に戸惑うことが多いです。「ヒマワリ」「リンゴ」など、その子専用のマークを決めて、名前と一緒に付けてあげるといいでしょう。子どもは「じぶんの！」が大好き。園生活を元気に送るきかっけにもなります "

" 子どもが好きなキャラクターの付いた市販の袋ものやタオルは、他の子とかぶることが多いです。市販のキャラクターグッズを園で使いたい場合は、ひもだけ取り替えたり、ボタンやワッペンなど、ワンポイントになるものを足すといいですよ "

" 先生たちがどんなに注意しても、子どもは袋ものを引きずったりしがち。バッグや袋ものは、子どもに持たせて、引きずらない持ち手の長さかどうか確認しましょう。底の部分は別布をつけたものは、耐久性がアップしています。何年も使えてよいと思います "

❀ お母さんたちの工夫

" 真っ白なふわふわタオルを園で使うタオルにしたら、半年ぐらいでくすみ、かわいくなかったです。毎日洗うものは、クリーム色や淡いピンクにしたほうがよかったな "

" 保育園指定の「シーツカバー」は、忙しい月曜朝に手早く支度ができるよう、ひも結びではなく、マジックテープで留めるものにしたら、ぐっと楽に！ 手作りなら、かわいくもできるし、使い勝手の追究も可能ですよ "

" 「入園グッズをつくる」というと、実母が手伝ってくれ助かりました。袋ものの本体を母に任せることができたので、自分は名前やワンポイントの刺しゅうに取り組めたんです。周囲の手芸が得意な人に、サポートをお願いして、自分はこだわりたい部分に集中するのも手 "

" 男の子は、3～4歳ごろ戦隊モノにはまります。そのキャラクターが付いたものが好きになってしまうので、男の子のお母さんは、手作りするなら、子どもが小さなうちに思いっきり楽しんだほうがいいですよ "

" 裏地を付ける時間もテクニックもなかった私は、両面プリントの生地できんちゃく袋を作りました。袋の裏側にも柄が見えるので、きちんと感が出て満足してます "

ひらがな刺しゅうのコツ

MEMO
＊文字の形に合わせて、直線部はバックS、曲線部はアウトラインSで刺すときれいです。
＊十字にクロスする部分は、糸が重ならないように、同じ穴に刺しゅう針を戻します。
＊輪になる部分は、つぶれがちになるので、大きめに刺しゅうするといいですよ。

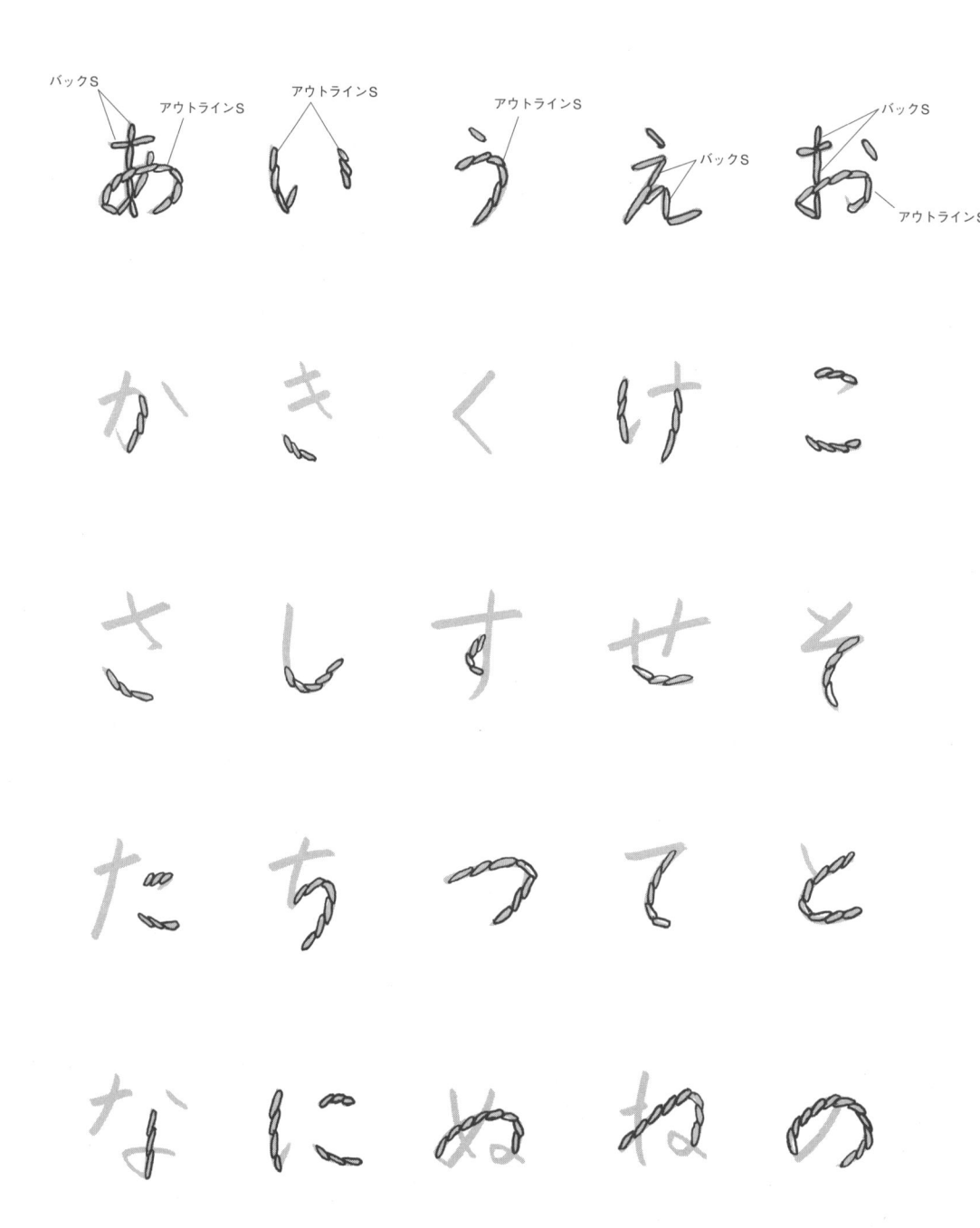

バックS　アウトラインS　アウトラインS　アウトラインS　バックS　バックS　アウトラインS

あ　い　う　え　お

か　き　く　け　こ

さ　し　す　せ　そ

た　ち　つ　て　と

な　に　ぬ　ね　の

か行から先は、アウトラインSのみをイラストで表示。イラストのない部分はバックS。
P.48のハンドタオル、P.52の名前付け用のテープは図案を50％縮小（文字のサイズは1cm角になる）、
P.48のバスタオルは122％拡大（文字のサイズは2cm角になる）、
P.56のお名前リボン2cm幅は原寸で、1.6cm幅と1.4cm幅は50％縮小して使用。

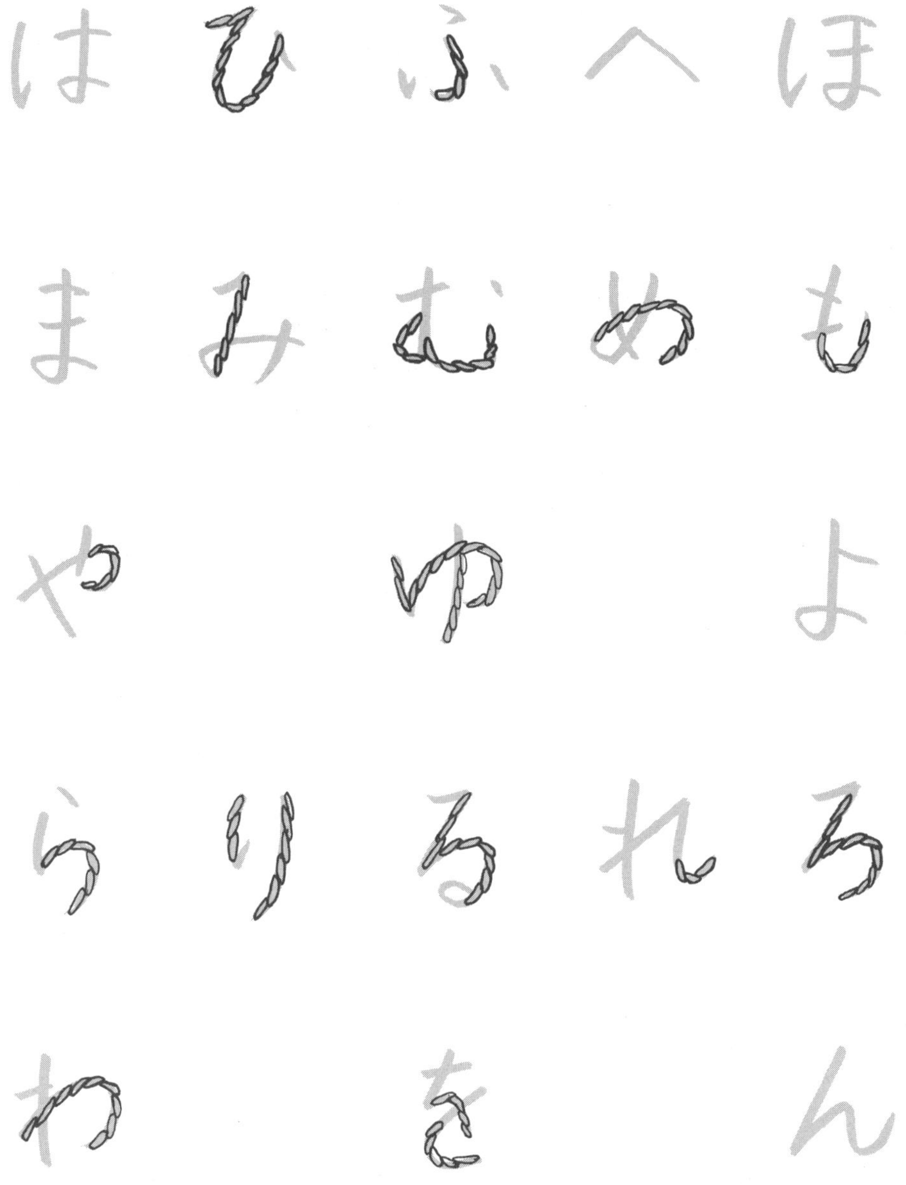

は ひ ふ へ ほ

ま み む め も

や　　ゆ　　よ

ら り る れ ろ

わ　　を　　ん

カタカナ刺しゅうのコツ

すべてバックS。
P.48のハンドタオルには原寸で使用。
P.56のお名前リボン2cm幅は122%拡大、1.6cm幅は原寸、1.4cm幅は80%縮小して使用。

MEMO
＊「シ」や「ツ」など形が似ている文字は、すべて直線で構成すると文字に見えづらいことがあるので、3画目はカーブをつけて刺しゅうをするといいですよ。

アイウエオカ
キクケコサシ
スセソタチツ
テトナニヌネ
ノハヒフヘホ
マミムメモヤ
ユヨラリルレ
ロワヲン

今までいろんな刺しゅうや布小物を紹介してきましたが、
それでも少し難しく感じる方には○△□でつくる刺しゅうから始めることをおすすめします。
自分の好きな色で刺しゅうして、世界にひとつだけの作品を作ってみましょう。
まずはこのページの写真や次ページの図案を見ながら、刺したいところに直接チャコペンで描きます。
「載っている図案と同じように」と思わず、
「○に棒と葉を付けたらリンゴ！」くらいの気軽な気持ちで自由にアレンジしてくださいね。
他にも、身近な布小物に付けられる、簡単で使いやすい小さな図案をご紹介します。

♣ かんたん刺しゅう図案 1
○△□の組み合わせで、らくらくお絵かき刺しゅう

○△□の組み合わせで、らくらくお絵かき刺しゅう

(写真P.65)

> **MEMO**
> ＊ぜひ、布にチャコペンで直接図案を描いて刺しゅうをしましょう。チャコペーパーで写さなくても刺しゅうをはじめられます。大きさも、刺す場所に合わせて自由に変えて刺してくださいね。

今すぐできる、かんたん図案

♣ リンゴ
[実物大図案] 
[糸と刺しかた]
ストレートS
刺しはじめ

♣ 洋ナシ
[実物大図案] 
[糸と刺しかた]
ストレートS
刺しはじめ

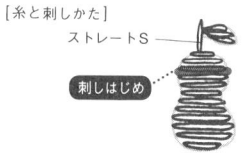

♣ 小さなチョウ
[実物大図案] 
[糸と刺しかた]
ストレートS
C895
A2
刺しはじめ

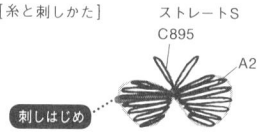

♣ ウサギ
[実物大図案] 
[糸と刺しかた]
A1082
刺しはじめ
目、鼻はフレンチノットS
C895

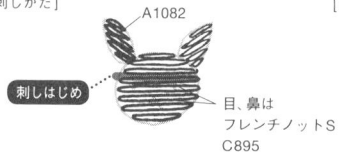

♣ クマ
[実物大図案] 
[糸と刺しかた]
A1082
刺しはじめ
目、鼻はフレンチノットS
C895

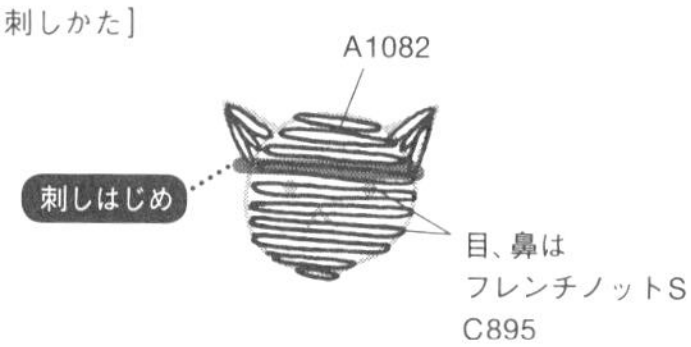

♣ 太陽
[実物大図案] 
[糸と刺しかた]
A301
刺しはじめ

♣ リボン
[実物大図案] 
[糸と刺しかた]
A1024
刺しはじめ

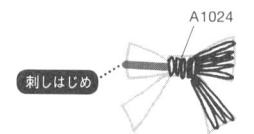

♣ 船
[実物大図案] 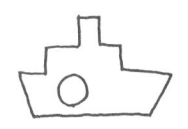
[糸と刺しかた]
刺しはじめ

短時間でできる、かんたん図案

♣ ハート
[実物大図案]

[糸と刺しかた]
A2
刺しはじめ

♣ クローバー
[実物大図案]

[糸と刺しかた]
C252
刺しはじめ

♣ スペード
[実物大図案]

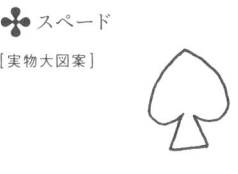

[糸と刺しかた]
C895
刺しはじめ

♣ 王冠
[実物大図案]

[糸と刺しかた]
刺しはじめ

♣ 家
[実物大図案]

[糸と刺しかた]
A2　C895
刺しはじめ
C252

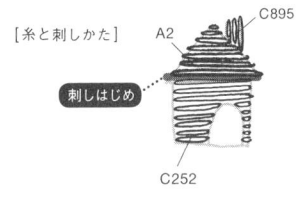

ちょっとだけコツがいる図案

♣ 月
[実物大図案]

[糸と刺しかた]
A1024

♣ 花
[実物大図案]

[糸と刺しかた]
刺しはじめ
A2

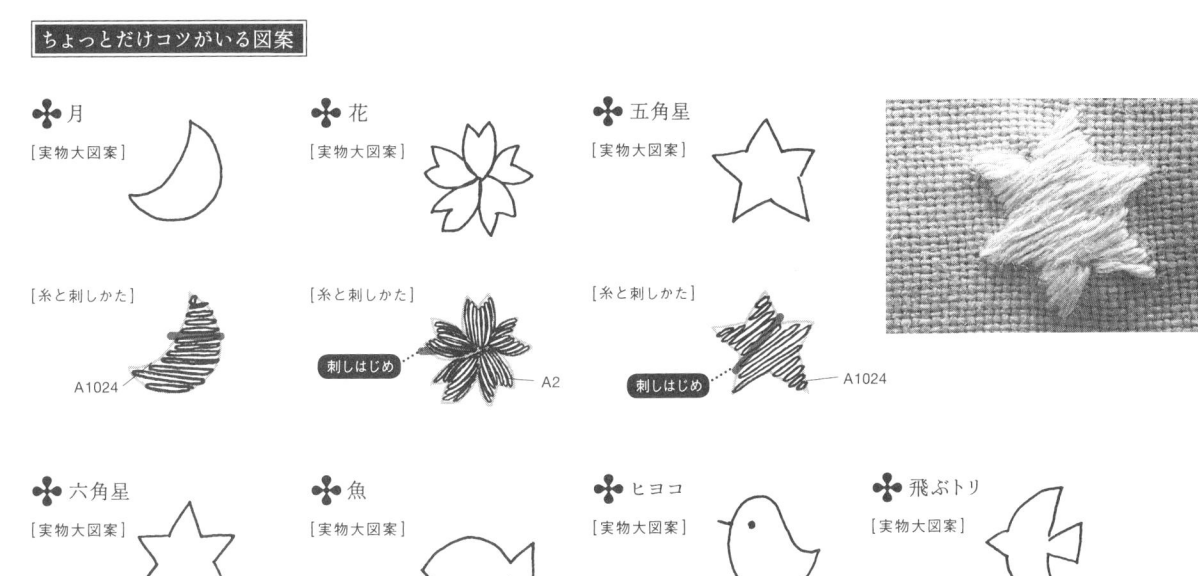

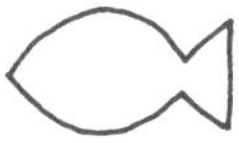

♣ 五角星
[実物大図案]

[糸と刺しかた]
刺しはじめ
A1024

♣ 六角星
[実物大図案]

[糸と刺しかた]
刺しはじめ
A301

♣ 魚
[実物大図案]

[糸と刺しかた]
A301
刺しはじめ

♣ ヒヨコ
[実物大図案]

[糸と刺しかた]
刺しはじめ
くちばし、足は
ストレートS

♣ 飛ぶトリ
[実物大図案]

[糸と刺しかた]
刺しはじめ

❦ かんたん刺しゅう図案 2
植物・スイーツ おすすめ 10

69

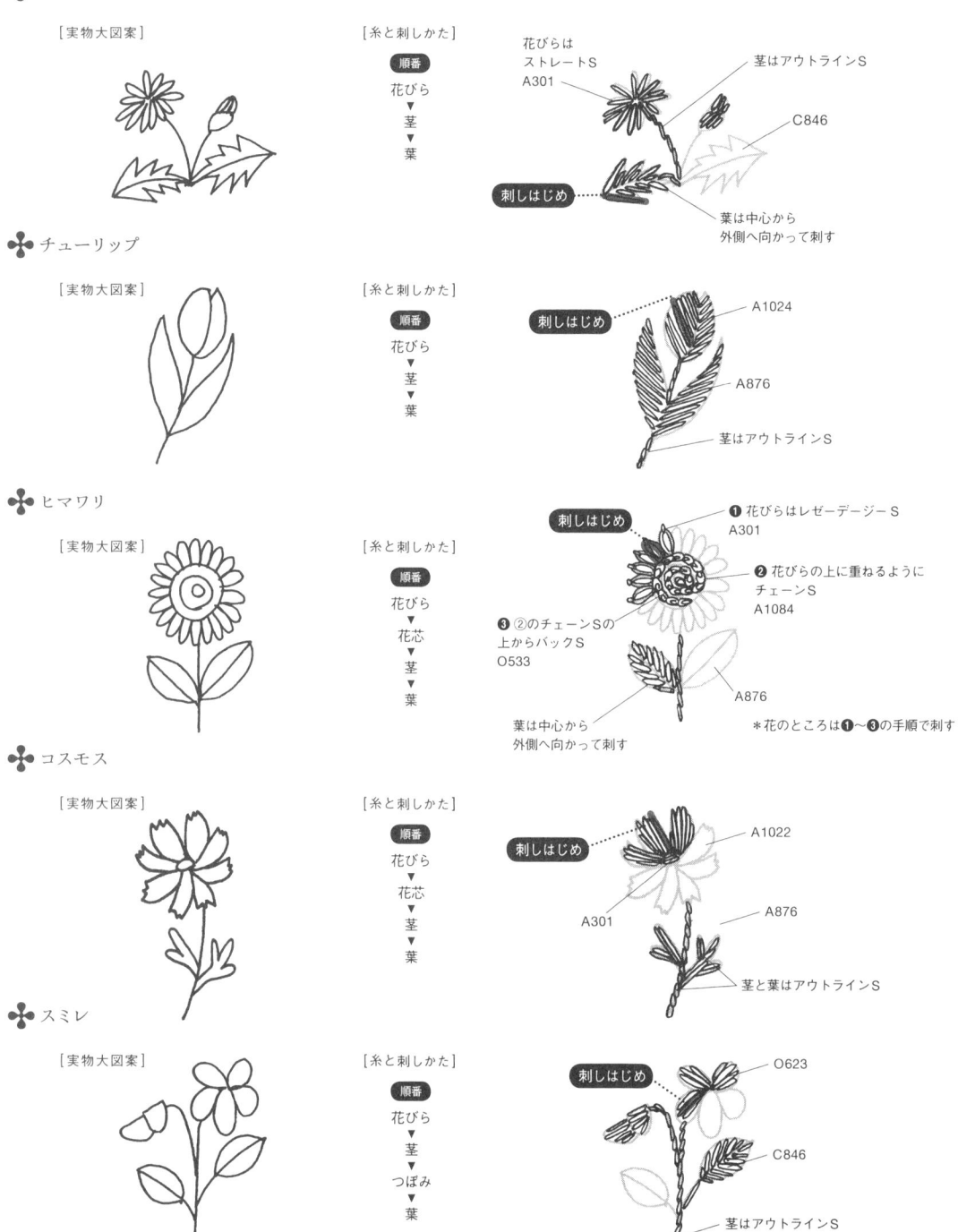

植物・スイーツ
(写真 P.68-69)

✿ タンポポ

[実物大図案]

[糸と刺しかた]
順番
花びら
▼
茎
▼
葉

花びらはストレートS A301
茎はアウトラインS
C846
刺しはじめ
葉は中心から外側へ向かって刺す

✿ チューリップ

[実物大図案]

[糸と刺しかた]
順番
花びら
▼
茎
▼
葉

刺しはじめ
A1024
A876
茎はアウトラインS

✿ ヒマワリ

[実物大図案]

[糸と刺しかた]
順番
花びら
▼
花芯
▼
茎
▼
葉

刺しはじめ
❶ 花びらはレゼーデージーS A301
❷ 花びらの上に重ねるようにチェーンS A1084
❸ ②のチェーンSの上からバックS O533
A876
葉は中心から外側へ向かって刺す
＊花のところは❶〜❸の手順で刺す

✿ コスモス

[実物大図案]

[糸と刺しかた]
順番
花びら
▼
花芯
▼
茎
▼
葉

刺しはじめ
A1022
A301
A876
茎と葉はアウトラインS

✿ スミレ

[実物大図案]

[糸と刺しかた]
順番
花びら
▼
茎
▼
つぼみ
▼
葉

刺しはじめ
O623
C846
茎はアウトラインS

❀ 野の花

[実物大図案]

[糸と刺しかた]

順番
花びら
▼
茎
▼
葉
▼
花芯

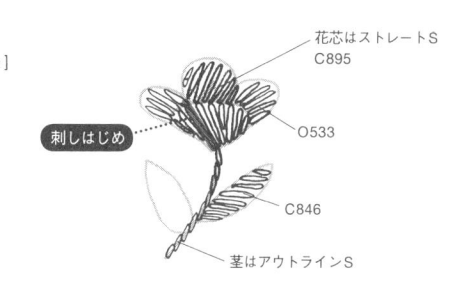

花芯はストレートS
C895
O533
C846
刺しはじめ
茎はアウトラインS

❀ ちょうちょ

[実物大図案]

[糸と刺しかた]

順番
羽
▼
触覚
▼
模様

A1084
触覚はアウトラインS
刺しはじめ
A301

＊羽の模様は最後に上からストレートSで刺す

❀ カップケーキ

[実物大図案]

[糸と刺しかた]

順番
イチゴ
▼
ケーキ
▼
皿

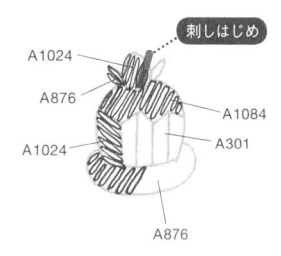

刺しはじめ
A1024
A876
A1084
A1024
A301
A876

❀ プリン

[実物大図案]

[糸と刺しかた]

順番
フルーツ
▼
プリン
▼
皿

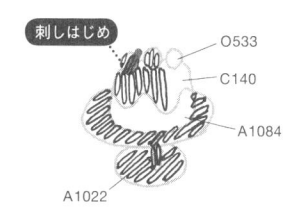

刺しはじめ
O533
C140
A1084
A1022

❀ ロールケーキ

[実物大図案]

[糸と刺しかた]

順番
イチゴ
▼
ロールケーキ
▼
皿
▼
ココアクリーム

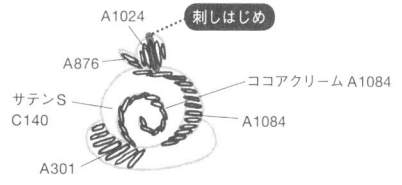

A1024
刺しはじめ
A876
ココアクリーム A1084
サテンS
C140
A1084
A301

＊ココアクリームはサテンSの後、上からアウトラインSで刺す

❖ かんたん刺しゅう図案 3
動物・乗りもの おすすめ 10

73

動物・乗り物

（写真 P.72-73）

♣ ゾウ

[実物大図案]

[糸と刺しかた]

- 刺しはじめ
- C252
- 目はサテンS C895
- アウトラインS
- 牙 A1
- 胴の太いところはロング＆ショートS

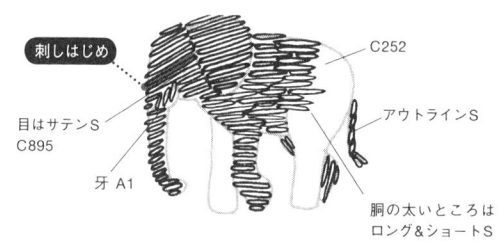

♣ ライオン

[実物大図案]

[糸と刺しかた]

順番
顔、耳
▼
たてがみ
▼
体、足（手前）
▼
足（奥）
▼
しっぽ
▼
目

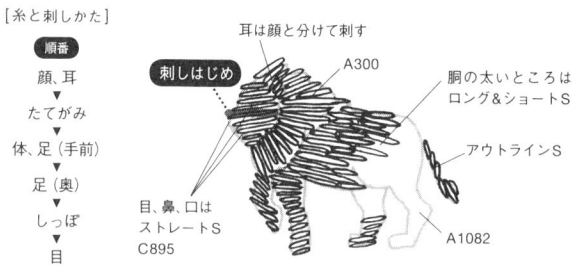

- 耳は顔と分けて刺す
- 刺しはじめ
- A300
- 胴の太いところはロング＆ショートS
- アウトラインS
- 目、鼻、口はストレートS C895
- A1082

♣ パンダ

[実物大図案]

[糸と刺しかた]

順番
顔
▼
体の黒いところ、前足
▼
体の白いところ
▼
後ろ足
▼
耳、目、鼻

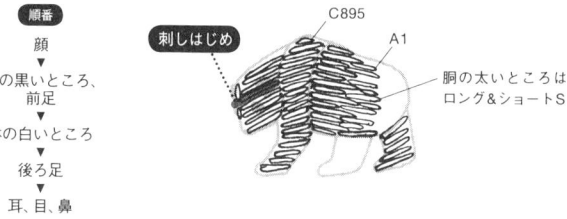

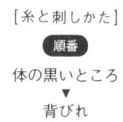

- C895
- A1
- 刺しはじめ
- 胴の太いところはロング＆ショートS

♣ シャチ

[実物大図案]

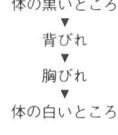

[糸と刺しかた]

順番
体の黒いところ
▼
背びれ
▼
胸びれ
▼
体の白いところ

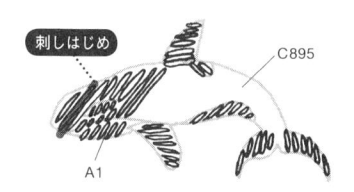

- 刺しはじめ
- C895
- A1

♣ クジラ

[実物大図案]

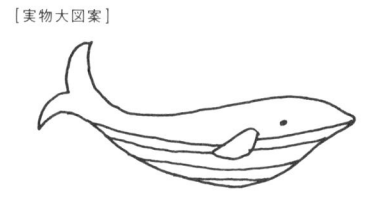

[糸と刺しかた]

順番
背
▼
ひれ
▼
腹
▼
腹のライン、目

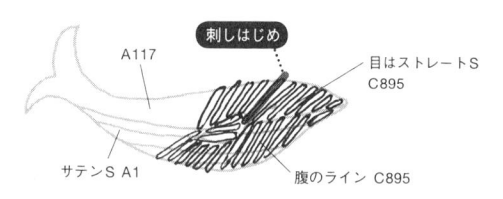

- A117
- 刺しはじめ
- 目はストレートS C895
- サテンS A1
- 腹のライン C895

＊腹のラインはサテンSの後、上からアウトラインSで刺す

♣ キリン

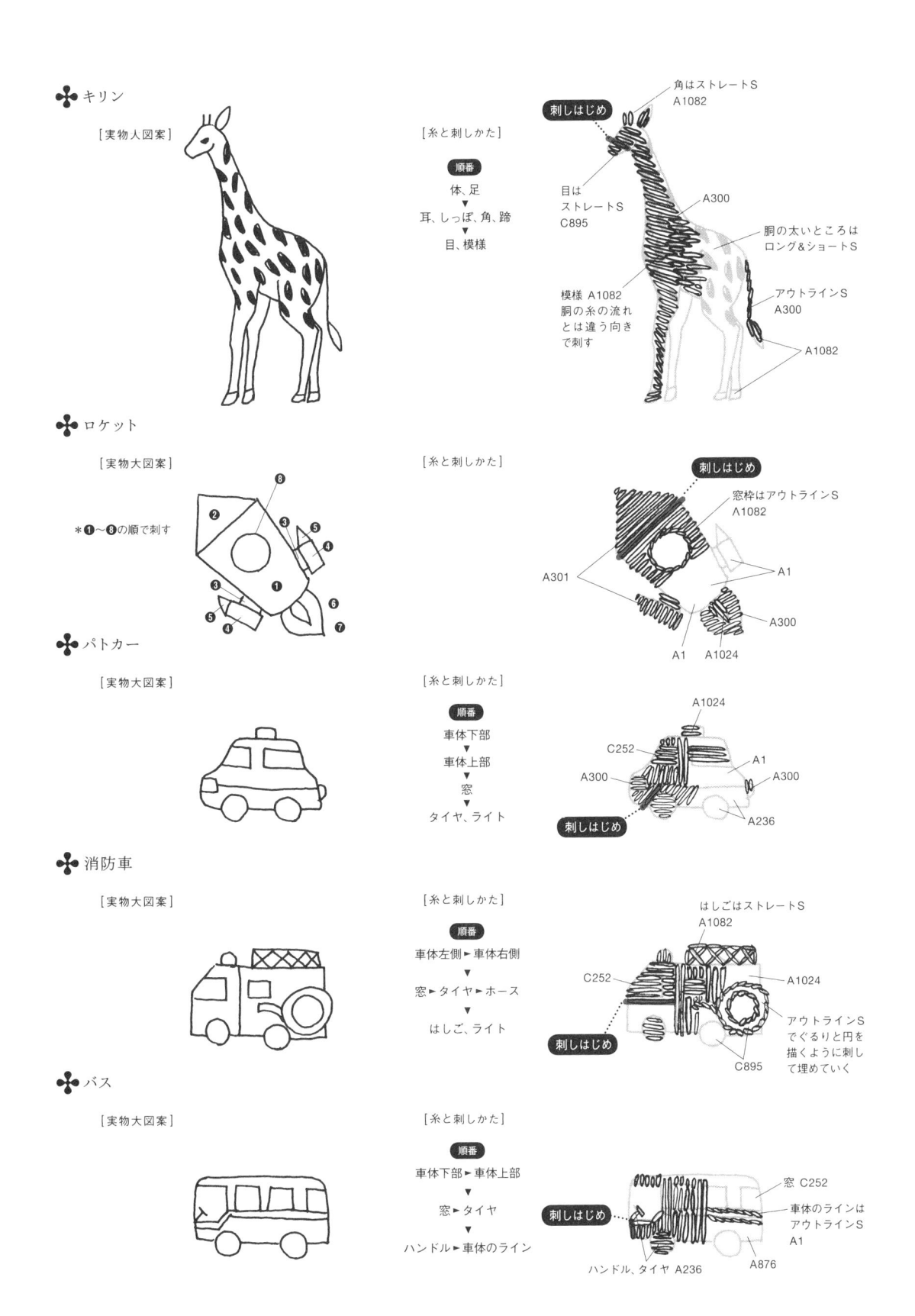

[実物大図案]

[糸と刺しかた]

順番
体、足
▼
耳、しっぽ、角、蹄
▼
目、模様

刺しはじめ
角はストレートS
A1082
目はストレートS
C895
A300
胴の太いところはロング&ショートS
アウトラインS
A300
模様 A1082
胴の糸の流れとは違う向きで刺す
A1082

♣ ロケット

[実物大図案]

* ❶〜❽の順で刺す

[糸と刺しかた]

刺しはじめ
窓枠はアウトラインS
A1082
A301
A1
A300
A1 A1024

♣ パトカー

[実物大図案]

[糸と刺しかた]

順番
車体下部
▼
車体上部
▼
窓
▼
タイヤ、ライト

A1024
C252
A300
A1
A300
刺しはじめ
A236

♣ 消防車

[実物大図案]

[糸と刺しかた]

順番
車体左側 ▶ 車体右側
▼
窓 ▶ タイヤ ▶ ホース
▼
はしご、ライト

はしごはストレートS
A1082
C252
A1024
刺しはじめ
アウトラインSでぐるりと円を描くように刺して埋めていく
C895

♣ バス

[実物大図案]

[糸と刺しかた]

順番
車体下部 ▶ 車体上部
▼
窓 ▶ タイヤ
▼
ハンドル ▶ 車体のライン

窓 C252
車体のラインはアウトラインS
A1
刺しはじめ
ハンドル、タイヤ A236
A876

75

✤ かんたん刺しゅう図案 4
不思議の国のアリス、ジャックと豆の木

77

不思議の国のアリス

(写真P.76)

♣ アリス

[実物大図案]

[糸と刺しかた]

順番
顔▶髪の毛▶そで▶手
▼
スカート▶足▶靴下▶靴
▼
カチューシャ

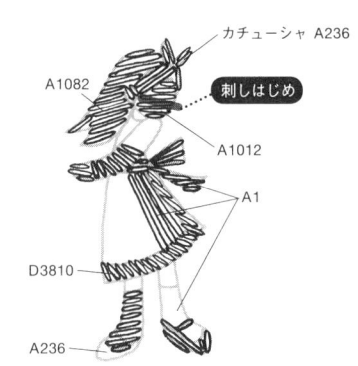

カチューシャ A236
A1082
刺しはじめ
A1012
A1
D3810
A236

♣ アリスのウサギ

[実物大図案]

[糸と刺しかた]

順番
顔▶耳▶服▶ハート
▼
足(手前)▶足(奥)▶手
▼
ラッパ▶しっぽ▶目

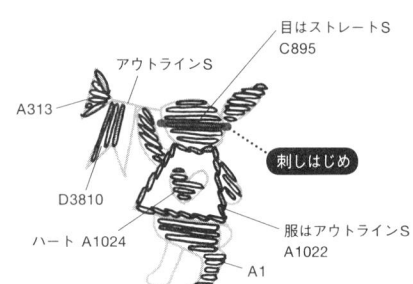

目はストレートS C895
アウトラインS
A313
刺しはじめ
D3810
服はアウトラインS A1022
ハート A1024
A1

♣ チェシャネコ

[実物大図案]

[糸と刺しかた]

順番
顔▶耳
▼
体▶しっぽ
▼
目、鼻、口

刺しはじめ
A1024
目、口 C895
O623

＊目はサテンS 1本、口はコーチングS、歯はストレートS

♣ モンシロチョウ

[実物大図案]

[糸と刺しかた]

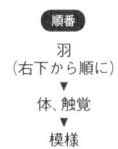

順番
羽
(右下から順に)
▼
体、触覚
▼
模様

C895
A1
刺しはじめ
C895

＊羽は胴に接するところから刺しはじめ、放射状に広げるように刺す

♣ 二段重ねのケーキ

[実物大図案]

[糸と刺しかた]

順番
ケーキ
(下の段から順に)
▼
イチゴ
▼
皿

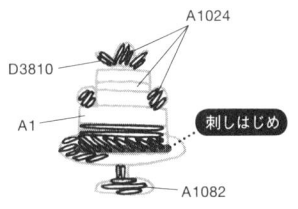

A1024
D3810
A1
刺しはじめ
A1082

78

ジャックと豆の木

(写真P.77)

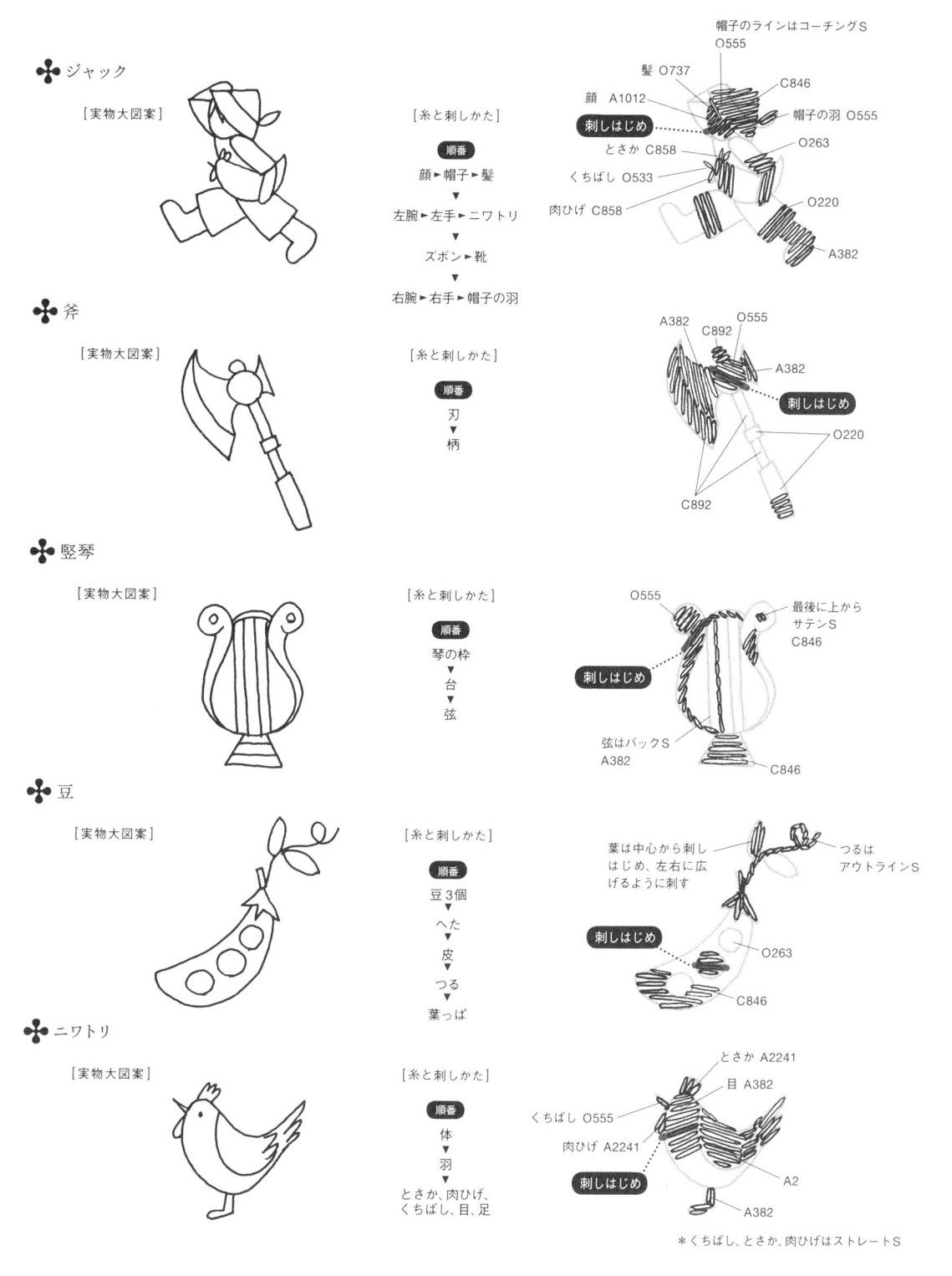

♣ ジャック

[実物大図案]

[糸と刺しかた]
▶順番
顔▶帽子▶髪
▼
左腕▶左手▶ニワトリ
▼
ズボン▶靴
▼
右腕▶右手▶帽子の羽

帽子のラインはコーチングS
O555
髪 O737
C846
顔 A1012
帽子の羽 O555
刺しはじめ
とさか C858
O263
くちばし O533
肉ひげ C858
O220
A382

♣ 斧

[実物大図案]

[糸と刺しかた]
▶順番
刃
▼
柄

A382
O555
C892
A382
刺しはじめ
O220
C892

♣ 竪琴

[実物大図案]

[糸と刺しかた]
▶順番
琴の枠
▼
台
▼
弦

O555
最後に上から
サテンS
C846
刺しはじめ
弦はバックS
A382
C846

♣ 豆

[実物大図案]

[糸と刺しかた]
▶順番
豆3個
▼
へた
▼
皮
▼
つる
▼
葉っぱ

葉は中心から刺しはじめ、左右に広げるように刺す
つるはアウトラインS
刺しはじめ
O263
C846

♣ ニワトリ

[実物大図案]

[糸と刺しかた]
▶順番
体
▼
羽
▼
とさか、肉ひげ、くちばし、目、足

とさか A2241
目 A382
くちばし O555
肉ひげ A2241
刺しはじめ
A2
A382

＊くちばし、とさか、肉ひげはストレートS

週末ものづくりの本 3

annasの
かんたん刺しゅう
＆通園で使う布小物

2013年3月5日　初版発行

著者	川畑杏奈
デザイン	セキユリヲ＋辻 祥江（ea）
撮影	公文美和
モデル	鍵岡那歩ちゃん、櫻井響くん
イラスト	川畑杏奈（p10〜11、21、58〜60）、友川千穂
協力	鍵岡龍介、櫻井泰子、サルビア、宍戸典子、 団遊［アソブロック］、中島亜紗美［リンドウアソシエイツ］
編集	田邊直子＋諏訪美香［美術出版社］
印刷製本	光邦

材料協力　ホビーラホビーレ　http://www.hobbyra-hobbyre.com
　　　　　p28〜29、38〜43、65、68〜69、72〜73、76〜77内、
　　　　　水色の布（スラブコットン・ソフト37B）、白い布（スラブコットン・ソフト21V）、
　　　　　紫地の水玉布（テンダープリント5L）、白地の水玉布（テンダープリント18BX）

初出（カーディガン、靴下、靴、プルオーバーへのお着替えマーク付け）
　　　『クーヨン』2011年11月号［クレヨンハウス刊］

発行人　大下健太郎
発行　　株式会社美術出版社
　　　　〒101-8417　東京都千代田区神田神保町3-2-3　神保町プレイス9階
　　　　TEL 03-3234-2153（営業）　TEL 03-3234-2173（編集）
　　　　振替 00130-3-447800
　　　　http://www.bijutsu.co.jp/bss

本書の内容の一部、あるいは全部を無断で複写複製（コピー）することは、禁じられています。
乱丁、落丁本はお取り替えいたします。
©Anna Kawabata, Bijutsu Shuppan-Sha Co., Ltd. 2013
Printed in Japan
ISBN978-4-568-30081-9 C2070